An Ghlanfhírinne

An Ghlanfhírinne

Cóil Learaí Ó Finneadha

Cló Iar-Chonnacht
Indreabhán
Conamara

An chéad chló 2014

ISBN 978-1-78444-101-2

Dearadh: Deirdre Ní Thuathail
Dearadh clúdaigh: Clifford Hayes
Ealaín an chlúdaigh: Pádraic Reaney

Tá Cló Iar-Chonnacht buíoch de Fhoras na Gaeilge as tacaíocht airgeadais a chur ar fáil.

Faigheann Cló Iar-Chonnacht cabhair airgid ón gComhairle Ealaíon.

Clóchur: Cló Iar-Chonnacht, Indreabhán, Co. na Gaillimhe.
Teil: 091-593307 **Facs:** 091-593362 **r-phost:** eolas@cic.ie
Priontáil: Brunswick Press, Baile Átha Cliath.

do mo bhean, mo chlann, mo gharchlann,
a bhí chomh foighdeach

Clár

An Ceannaí Mór

Cá ndeachaigh siad? Sin ceist. Nó cé a chuir deireadh leo? Sin ceist eile. Is mion minic a ritheann mo smaointe ar fán agus ar seachrán, agus stop ná staonadh ní dhéanann siad nó go dtéann siad chomh fada siar leis an am a raibh mé i mo ghasúr. Cuirim ceisteanna orm fhéin, ceisteanna seafóideacha b'fhéidir, ceisteanna crua casta amanta. 'Cén fáth?' a deir tú, 'nó cén fáth nach ligfeá dhíot fhéin agus gan a bheith ag déanamh ceolán cráite agus bambairne dhíot fhéin?'

B'fhéidir go bhfuil an ceart agat, a dhuine, agus b'fhéidir nach bhfuil. Bíodh nó ná bíodh, bím ag cur na gceisteanna agus ag siosarnach liom fhéin agus deabhal humanta neart agam air. An t-aon rud amaideach a fheicim faoi ná an cheist á cur agus giolla a curtha ag iarraidh í a fhreagairt ach ag cinniúint air. Mar sin, níl an scéal chomh hamaideach amhrasach agus a cheapfadh duine, mar deir siad nach bhfuil dochar ar bith thú a bheith ag caint leat fhéin chomh fada agus nach dtosófá do do fhreagairt fhéin. Is iomaí ceap nach bhfeilfeadh bróg. Ach stop! Céard é seo? An bhfuil na smaointe mallaithe úd bailithe leo arís nó cá bhfuil a dtriall?

Sea, cá ndeachaigh siad? 'Ach, a dheabhail, cé hiad?' a deir an glór garbh colgach anall thar an gclaí liom, 'nó an craiceáilte atá tú, a chluasánaigh, ag síor-rá agus ag caint leat fhéin mar a bheadh gealt nó fear blaoisce ann?'

'Ní hea,' a deirimse, á fhreagairt sách fánach agus á dhearcadh go míchéatach.

'Na ceannaithe,' a deir sé, 'cá ndeachaigh siad nó cé a chuir deireadh leo? Go n-imí an sioc is an sneachta leo,' a deir sé. 'Ní fearr ann iad.'

'Ach ní hé sin freagra mo cheiste,' a deirimse. 'Tá deireadh go deo leo,' arsa mise, 'lucht fáin agus seachráin nó, mar a thugtaí orthu, na ceannaithe.'

Chuala muid trácht ar Cheannaí an Driobaill, Ceannaí an Pholl Gainimh, Máirtín Ceannaí, Johnny Hoare, Bríd an Mhaide – agus an Ceannaí Mór, mar a thugtaí air, thart timpeall na mbólaí seo. Mar a deir mé, chuala mé trácht ar chuid mhaith acu agus ar a gcuid eachtraí ó am go chéile ach níl aon chinnteacht agamsa arbh í an fhírinne nó an bhréag a bhí ag baint le go leor de na heachtraí seo cé is moite de dhuine amháin acu agus sin é an Ceannaí Mór.

Micil Mór ab ainm dhó siúd agus is é an áit a rugadh agus a tógadh é ná amuigh i measc na gcnoc i nDúiche Sheoigheach i gConamara. Bhí muintir Mhicil go maith as ó thaobh eallach, caorach agus mar sin de, agus d'fhág sin go raibh siad stóráilte sábháilte maidir leis an bpóca agus airgead tirim. Bhíodh suas le trí mhíle caorach ar na cnoic acu agus mara bhfaigheadh siad ach scilling an ceann ar gach uan dá mbíodh acu, gan bacadh leis an olann fhéin, chaithfeadh sé go raibh saibhreas acu.

Beirt mhac a bhí acu, Micilín agus Páidín. Bhí chúig bhliana déag d'aois eatarthu. Páidín an té ba sine agus d'fhág sin nach mórán ama a bhí ag Páidín do Mhicil. Bhí difríocht na haoise ag déanamh ball séire eatarthu agus déarfá gur sa mbealach ar Pháidín a bhíodh Micil, mar nuair a d'fhágtaí ag tabhairt aire dhó é agus a mháthair ag bleán blogaim ón mbó nó ag sliseáil tuar éadaigh ag an sruthán, thagadh colg air. Dá ndeirtí leis an buidéal a thabhairt dhó is mó brath a bhíodh air buidéal nimhe a thabhairt dhó.

Nuair a chuirtí ag athrú clabhtín air é is é an chaoi a dtosaíodh sé á phinseáil agus ba gearr go mbíodh na mílte murdar os cionn Mhicil bhoicht agus gan é in ann tada a rá ná a chur ar a shon fhéin ach 'Mama' agus é ag scríobadh a mháis bhig dheirg le teann péine i ndiaidh an phinse ghéar nimhnigh údaí a bhí faighte aige ó Pháidín.

'Stop, a dheabhail,' a deireadh Páidín go colgach, 'nó cén sórt deabhal peataireachta atá ort? Faraor géar deacrach nár fhan tú san áit a raibh tú, a scólacháin. Bhí déanamh maith de d'uireasa sa teach seo, a ghligín shuaraigh', ach is minic agus é ag labhairt amach mar sin a cuireadh glugar sa gcluais aige dá bharr. Bhíodh Páidín an chuid is mó den am amuigh leis an athair, ag treabhadh agus ag fuirseadh, ag tiaráil agus ag stracadh agus bhí an-mheas ag an athair air, agus de bharr a chuid staidéir agus críonnachta bhí gach slí agus fáltas á ghealltúint dhó nuair a bheadh sé fhéin i ndeireadh na preibe agus buacais a choinnle beagnach caite. Ach bhí malairt scéil ag an máthair: ba é Micil peata Mhama. Nach é a casadh chuici san am ceart! Bheadh sí trí bliana agus trí fichid nuair a bheadh seisean scór. Bheadh a fear blianta curtha mar go raibh sé ag fáil an phinsin cheana fhéin óir bhí os cionn deich mbliana fichead aige uirthi fhéin, pé ar bith cén smál a bhí uirthi, a deireadh sí go minic, agus é a phósadh.

Áit mhaith, a deireadh sí, agus neart airgid ach nach mbeadh compóirt ar ball aici nuair a bheadh Micil agus í fhéin in éineacht. An t-athair básaithe agus Páidín imithe – b'in í intinn na máthar, agus d'fháisceadh sí an naíonán beag lena hucht go muirneach. Chaith sí a cuid ama ar fad le Micil, á sciúradh agus á níochán, á réiteach agus á ghlanadh. Níor fágadh ag caoineadh dhá nóiméad ar a chéile ariamh é gan é a thógáil ina baclainn agus a dhul á shlíocadh agus á chuimilt nó go mbeadh sé ar a shástacht arís aici. Is deacair milleán a thabhairt don mháthair agus í ag bréagadh a maicín muirnigh ach téann rudaí rófhada freisin agus b'in a fhearacht ag Micilín bocht é. De réir mar a bhí sé ag dul i neart agus in éifeacht, bhí an pheataireacht dá réir leis, agus go fial fairsing, nó go dtí faoi dheireadh nach bhféadfadh duine féachaint díreach air. Fuair an drochmhúineadh agus an mímhúineadh, an deabhlaíocht agus an chiméaracht an lámh in uachtar air agus ba ríghairid go raibh sé imithe thar fóir.

Chuaigh sé chun scoile ach ní raibh sé a dhéanamh ach lá sé nó seachráin agus ba ríghairid go mbeadh fios ag duine ar bith go ndéanfadh sé scabhaitéir den chéad scoth. Chuaigh sé glan díreach in aghaidh na scoile, in aghaidh an bhaile agus in aghaidh a mhuintire, go fiú amháin in aghaidh a mháthar a lig an tsrian leis ó thús. Sea, fuair sé an tsrian ach ba cham é ag stiúradh. Ba ghearr go raibh srathair na hainnise fáiscthe aige ar chapall na tubaiste, an tsrian faoina chosa agus eisean ina chamstiúrthóir codlatach, gan soir ná siar aige ina chumas.

Ba léir faoi seo don mháthair fhéin go raibh drochthógáil déanta aici; go raibh an iomarca téide scaoilte le Micil. Nuair a fuair sé an tslat uaithi fuair sé an péire agus ar aghaidh leis nó go raibh sé ina abhlóir cantalach gan mhaith gan mhaoin agus é ag diúltú do thada a dhéanamh a chuirfeadh rath ná smais air fhéin ná ar a theaghlach. Thosaigh sé ag ciceáil in aghaidh na scoile agus b'éigean dhó cead a chinn a fháil agus é a fhágáil sa mbaile. Ní raibh sé faoin am seo ach dhá bhliain déag d'aois agus ní hé amháin go raibh díol an deabhail ann ach díol a raibh de dheabhail in ifreann.

Bhí an t-athair amach go maith sna blianta faoi seo agus bhí sé buailte suas go maith sna cosa ach níor mhiste le Micil dá mbeadh gan cos ar bith air fhéin ná ar Pháidín mar nach raibh mórán ama acu dhó. Chlis an tsláinte ar an athair agus gan Micil ach seacht mbliana déag agus ba ríghairid seasamh a rinne sé nó gur cailleadh é. Sin í an uair ar thosaigh Micil ceart ar a chuid deabhlaíochta, ag goid is ag fuadach rud ar bith dá leagfadh sé lámh air. Bhí sé ag iarraidh Páidín a dhíbirt agus an fheilm a fháil dhó fhéin ach níor éirigh leis. Thug Páidín bleastáil mhaith de na bróga dhó agus shuaimhnigh sé sin é go ceann tamaill.

Bhí sé maidin amháin tar éis éirí dhó agus a chroí á dhó de bharr a phóca a bheith folamh tar éis oíche mhór ragairne, óil agus mná. Bhí an deireadh seachtaine ag teacht ina mhullach arís agus ní bheadh pingin ina phóca. Chaithfeadh sé fanacht istigh gan airgead agus nár dhamanta an chrois í le n-iompar ag ógánach seacht mbliana déag. Thug sé seársa siar an caolbhóithrín a bhí amach ón teach agus ag síneadh go bun an chnoic. Shuigh sé faoi ar chloch agus tar éis píosa fada ag smaoineamh, tháinig an smaoineamh a d'oir dhó chuige. Smaoinigh sé dá n-éireodh leis caora a ghoid ó Pháidín agus í a chur ar aonach Uachtar Ard Dé Céadaoin go mbeadh dalladh airgid aige le haghaidh an deireadh seachtaine.

Rinne sé amhlaidh ach níor éirigh leis. Ní raibh sé leath bealaigh go hUachtar Ard an lá sin nó gur airigh Páidín é fhéin agus an chaora imithe. Lasc leis an aicearra ina dhiaidh agus bhí sé i lár an aonaigh roimhe agus póilín in éineacht leis. Gabhadh Micil gan taise nó trua agus caitheadh isteach i bpríosún na Gaillimhe é ar feadh dhá bhliain. Bhí an gadaí caorach chóir a bheith ar an bhfear ba chontúirtí ag an am agus ní raibh aon trua dhó.

Chuir sé dhá bhliain chrua príosúnachta de istigh ar thóin an phríosúin go tromchroíoch. Tharla gortú dhó lá agus é ag glanadh staighrí agus d'fhág sin bacach lena shaol é. Nuair a ligeadh saor é is amhlaidh a chuaigh sé ag gabháil na mbóithre agus ag fanacht anseo is ansiúd. Thugtaí ceannaí ar dhuine dá shórt san am sin agus sin é an fáth ar tugadh an Ceannaí Mór airsean. Is iomaí cruatan a d'fhulaing sé ar feadh a shaoil idir fhuacht, fhliuchán agus bhriseadh croí. Ní dheachaigh sé in aice a bhaile fhéin ariamh ina dhiaidh sin ach deirtear gur i bhfoisceacht deich míle de a cailleadh é, ar leataobh an bhóthair in aois a cheithre scór bliain agus gan de mhaoin an tsaoil aige ach na seancheirteacha ar a chraiceann.

Blaoisc na Bó Buile

Soicín, a deirim. Seas suas, socair, a deirim. Slám féir, cír agus cangailt, deabhal maith ann, cuimilt chorrógach, snámh in aghaidh easa, scaird in aghaidh doininne. Fan nóiméad. *Nuts*, sea, *nuts*, na *nuts* bhradacha sin, bail choscartha an deabhail orthu, nach iad atá ag cur na mbeithígh bhochta ar fad sna *nuts*. Nach iad bun agus barr na craiceála iad atá i mbun agus i mbarr, i dtóin agus i gceann gach nuacht. Blaoisc na bó buile.

Sea, mar a deir mé, nach é atá ins gach nuachtán ar fud na cruinne, ar gach gléas craolacháin ar fud an domhain mhóir, 'galra na bó buile' nó, mar a thugaimse air, 'blaoisc na bó buile' más cóir bó buile a chur san áireamh, nó ar chirte dhom na bó boichte a rá ná na bó buile. Ní hí an bhó bhocht is ciontaí; níl neart ar bith aici air. Bhí an bhó ann ariamh agus ní raibh caint ar bith ar an mblaoisc, ná ar an mblaoisc buile go háirithe. B'fhéidir go ndéarfá go raibh blaoisc ar bhó siar sna himpireacha fada, agus roinnt mhaith den cheart agat, agus b'fhéidir dhá bhlaosc go minic, is é sin blaoisc an chinn agus blaoisc na hadhairce, is é sin dá mba bó adharcach a bheadh i gceist. Ach sa gcás seo is cuma an bhfuil adharc uirthi nó nach bhfuil, is féidir leis an scail nó blaoisc na bó buile a theacht uirthi.

Mar is eol don saol Fódlach tá an rúcam racam agus an rírá ar fud an domhain mhóir mar gheall ar an tolgadh seo atá ina bhun agus ina bharr, ina thóin agus ina cheann ag scail bhlaoisce na bó buile, agus gan tóin nó ceann fós air. Ní galra ar bith é an taom seo agus, chomh fada agus is eol dom, ní thógann bó í óna leathbhádóir. An rud atá mise a dhéanamh amach leis na blianta, sul má bhí trácht ar an mblaoisc bhainne, agus atá déanta amach agam, gur deabhalaí fada a choinnigh an bhóin bhocht an blocán. Tá fíoréacht cruthaithe aici agus an cluiche cruálach atá curtha di aici de bharr shíorphlancadh an mhínádúir ag cur deireadh leis an nádúr atá ag rith le duine agus beithíoch ó thús an domhain. Níl sé cóir, ceart ná amhantrach cogadh bréige mugadh magadh ná lomdáiríreacht a dhéanamh in aghaidh an nádúir, nó má dhéantar beidh sé ina scéal na cruacharraige: nuair a teanntar léi pléascfaidh sí agus b'fhéidir gurbh in do Pháidín Mháire a d'fhágfaí thú, in do dhallarán gan radharc gan léargas, gan aithne srón ná béal.

Dia linn agus Muire agus fortacht ó Cholm Cille. Tá trompán an uafáis tagtha agus scéin an bhainbh dhóite seadaithe agus an tsíorthuargaint réamhfhháisnithe. Dia idir sinn agus an t-olc agus go seachnaí an Spiorad Naomh muid ar gach aicíd, anachain agus tolgadh. Mar a thagair mé ar ball ar an gcogadh dearg seo atá bagraithe go dolba as cosa i dtaca ag an mínádúr ar an bhfíornádúr, cén t-iontas blaoisc agus tolgadh a bheith ar bheithígh agus amhras an drochmhisnigh a bheith ar an duine? Ar bhealach, is mó d'údar trua an beithíoch bocht a bhfuil díol trua déanta dhi ag cinnireacht dhaonna ná an duine fhéin, mar gurbh iad a chamchlaonta ba cúis leis an tolgadh.

Sul má tháinig fiú cuimhne an tseanlinbh fhéin i mo phastae bhí amharc na súl agam, moladh go deo le cruthaitheoir neimhe agus talún, agus fágann sin go raibh mé in acmhainn grinneadh ar bhó ar an tsráid agus ar lao sa scioból, rud nach bhfuil inniu, faraor. Le linn dhomsa a bheith in mo pháiste go dtí an galrach, ón ngalrach go dtí an malrach, ón malrach go dtí an scorach, agus ón scorach go dtí pé ar bith cén sórt múnlú fir a tugadh orm, bhí muid i gcleith na bó agus ní scéal linn é ach leis na comharsana ar fad. Ach labhraíodh chuile dhuine dhó fhéin, gan fuacht ná faitíos, scáth ná náire, mar cuimhnigh go bhfuil cead ag an bhfear bacach a léim a chaitheamh faoi dhó, agus má tá, ó tá, cén fáth nach mbeadh ag an fear stadach a chaint a rá faoi dhó – nach mar a chéile muid. Rugadh ar fad muid inár ndeargáin bhochta faoi ualach an pheaca gan teideal gan ghairm, gan lúd gan lár ach inár mbéiceadáin lagbhríocha, ag brath ar an máthair le grá agus muirneas, le muid a chur ar cíoch le tál na beochana a dhiúl go pléisiúrtha trí na scairteacha isteach sa ngliúracán a bhí ar bís ag tnúth le blogaimín nádúrtha na cíche le beocht a chur sa gcolainn bheag. Cuid againn a rinne an aithrí chráifeach agus dhá chuid nach ndearna. Ní raibh uathu ach cinnireacht, máistreacht agus urlámhas a ghlacadh ar an domhan mór gan oiread agus smaoineamh ar na lagbhlianta údan a chaitheadar ag fuarlú agus ag salú an chlaibhtín, agus nach mairg a bhíonn go holc agus go bocht ina dhiaidh. Talamh is críoch gach beo.

Ar ais linn go dtí an bhó agus go dtí scéal an bhlocáin. Le mo linnse, agus ní inniu nó inné é, ba í an bhó bhainne uimhir a haon ins gach teach in mo pharáiste agus tá mé ag rá leat go mbeadh urchar ag an té a chuirfeadh spalla ó Bhoth Chuanna go Seanadh Phéistín. Mar a dúirt mé, bhí sean agus óg, lag agus láidir ag brath agus i gcleith na bó. An páiste nár tógadh le cíoch bhrollaigh is ar shine na bó a bhí a mhámh agus a dhrámh, agus ar deireadh thiar ní dóigh liom go raibh oiread agus duine amháin nár thug tál na mbó meidhir agus meanmna dhó. Mar a dúirt mé, ba í an bhó uimhir a haon sa teach an t-am sin ach faraor ní hamhlaidh atá inniu. Níl inti ach cineál meaisín leis an talamh a ghlanadh agus le airgead a dhéanamh dá máistir gan bheatha gan bhuíochas ach cead aici beatha a bhaint as a crágaí agus a tóin a thabhairt do chlaí leis an ráig dheannachtach, ghaimhiúil, gháifeach a scaoileadh thart agus an stolladh nimheanta á craipliú. Tá deireadh leis an scioból;

tá boladh bréan ar an mbó; ní theastaíonn sí níos mó. Tá an bhó phlaisteach ar philéar an gheata agus í blite leis an ordóg.

Ba é an gnás nó an nós a bhí ann ag an am áit ghlan, chompóirteach, análach ach gan seoide a bheith i scioból amach ar aghaidh an tí, nó chomh gar agus ab fhéidir é ar aon nós. Bhíodh áiléar ag mo mhuintir sa scioból agus pacáil raithní dingthe siar go binn agus leagtha anuas go dromán na mbeithígh. Caint ar an teas lárnach! Stop, a dhuine, ní bheadh gaobhar aige ar an raithneach. Leaba raithní agus áit reatha tugtha don uisce, cartadh uathu chuile mhaidin agus athleaba ar ais. Bhí an cíléar mór beatha te bruite agus an ghail ag éirí as ag dul go fraitheacha, an canna mór leis an bhfonsa dubh tiubh tónach teannta lena íochtar agus é chomh glan sciúrtha leis an gcriostal agus é fastaithe, dingthe idir glúine fear nó ban i gcomhair an táil bhruite as úth na máithreach. Bhí an nádúr ag baint leis an am sin agus ní raibh éiseal ná stróinéis ar dhuine ar bith roimpi.

Le bheith lomdháiríreach, is roimh an mínádúr a bhí an doicheall agus an col. Ach tá an lá tagtha go bhfuil an nádúr buailte ar an mullach, í ar a mullach cinn, ina spruánach agus ina leicíneach, ina cis ar easair os do chomhair amach agus a smut sa lathach. Dia linn, nach náireach a bhí an bhó ag mugailt agus ag cíoradh an fhollántais le mo linnse. Bhí saothar na cnáimhe agus na rámhainne go fairsing ag gach ceann tí ag an am sin mara mbeadh donóg anseo agus ansiúd nach raibh fir na maitheasa ann agus a bheadh i dtuilleamaí an ghearradh díobh. Bhí barraíocht na bhfataí agus na dtornapaí, na meaingilí agus na cóilise agus, ar ndóigh, feadhnach féir in iothlainn gach duine. Bhí gach barra dhíobh siúd leasaithe le feamainn an chladaigh idir dhubh, dearg, coirleach, míoránach, ceanna slat agus meascán bruth faoi thír. Ní raibh caint ar bith an uair úd ar an leasú mála, mar nár creideadh ina leithide, mar sin bhí an follántas ag baint leis na barraí a d'fhás ar an leasú cladaigh agus an carn aoiligh maith agus tuar na n-ainmhithe. Is é an cineál céanna leasú a bhí á úsáid ar bharraí agus ar ghlasraí a bhí á úsáid ag na daoine fhéin.

Ní raibh caint ná trácht ar aon bheatha a cheannacht do bheithígh cé is moite do chorrmhaingín bran mór tar éis beirthe do loilíoch. Ní raibh a fhios céard é coirce ná eorna mheilte ná bruite. Bhí sin ann, dalladh coirce agus greadadh eorna, ach bhaintí úsáid nádúrtha astu agus iad á dtabhairt don bhó. Thugtaí mám nó dhó den choirce ar thóin an chíléir don bhó mar a thagadh sé as an dornán gach tráthnóna agus cead aici fhéin cír a thabhairt dhó agus é a chur trí na seacht muilne aríst go maidin. Bhruití an eorna go hiondúil agus d'fhéadfaí í sin a dháileadh ó mhaidin go faoithin. Bhí an coirce thar barr le spionnadh a chur i mbeithíoch agus cruachan in aghaidh na doininne, agus an eorna le spreagadh agus neart a chur sa mbainne, snas sa gcraiceann agus smailcín codlata.

Bhí na ba agus na daoine chomh folláin le croí na cloiche glaise ag an am úd agus fuair siad an dubhaois gan casaoid ná clamhsán ach ag tarraingt is ag tarlú, ag fuirseadh agus ag réabadh, ag caitheamh an tsaoil agus an saol á gcaitheamh.

Ní cuimhneach liom dochtúir ná banaltra a fheiceáil ag teacht chuig an doras ag aon duine ag an am sin cé gur ar an im, ar an mbainne agus ar an mbláthach a riaradh muid. Bhí leigheas ar scornach tinn sa mbláthach ach an gruth agus meadhg a dhealú óna chéile tar éis fiuchadh sa sáspan. Chuirtí spúnóg siúcra ar mhuigín den mheadhg agus é a ól breá te agus bhí deireadh le mealltracha agus scornach tinn. Níl a fhios acu inniu céard é gruth ná meadhg agus cheapfainn gur gránna an straois a chuirfeadh siad orthu fhéin dá leagfá an phurgóid sin chucu. Muigín bláthach géar ar an rud deiridh ag dul a chodladh, deiridís go gcuirfeadh sin líonáil ar do ghliúrach. Bhí leigheas an dó san im gan salann agus i mbuíocán uibhe. D'imigh sin agus tháinig seo agus ní le feabhas ná tairbhe é. Má tá pian ina méir anois is é an dochtúir é agus crúsca piollaí nó sá faoin tóin é agus luí faoi go ceann seachtaine.

An cás céanna: ní fhaca mé tréadlia ag teacht ag freastal ar bhó ná gamhain nó gur tháinig tástáil na heitinne amach agus ó shin tá rudaí ag dul i dtigh deabhail. Stop na daoine ó bheith ag bleán a gcuid ba agus ag scaoileadh na laonta ag cráineadh ach, ar ndóigh, ní raibh ó chuid acu ach leithscéal mar go raibh an saol ag feabhsú nó ag dul chun galántais. Tháinig lámh mharbh agus sleamchúis, rídéalacht, díomhaointeas agus leisce in aon pháighe amháin ar an dream seo a dtugtaí feilméaraí orthu, nó feilméaraí fuis fais mar a déarfá, agus fágadh an bhó bhocht ar an bhfaraor géar, gan aire gan aird ar pháighe an asail. Cic sa tóin. Ní haon ionadh gur bhuail an bhlaoisc an bhó bhocht agus gur chaill sí an blocán.

Dearnadh neamhshuim den chréatúr bocht. Fuair sí racht na teangmhála nó an soipín plaisteach agus fágadh amuigh í faoi shioc faoi shneachta, báisteach agus stoirm shíonach, ar bheagán freastail ach an chaolchuid agus an ganntan. Bhí deireadh le eorna bhruite nó coirce bruite, leis an scioból te teolaí, le leaba theasaí na raithní críon. Ní raibh sa mbó feasta ach meaisín le laonta a iompar, iad a chothú i mbroinn ar ghliúrach folamh go minic agus iad a bheith ar a conlán fhéin cois claí nó scairte, i log, i logán nó ar bhruach claise ar forbhás agus gan idir iad agus an bás go minic ach nach raibh an bhuacais caite. Nach mór idir an saol agus an duine anois seachas an uair a raibh an taobh aici chomh tirim le deannach an Mhárta agus í ag cíoradh a hinnilte in uchtóg chríon raithní. Í ag éisteacht le gála gáifeach ag oibriú a chumhachta agus a nirt ag iarraidh an ceann a scuabadh den scioból i ngearróga dubha na Nollag; ach cár mhiste, nach raibh sí ar a sáimhín agus ar a sástacht. Ach d'imigh sin agus, faraor, tháinig seo. A tóin sa gclaí agus drogall luí. Nach í an bhó bhocht atá bainte as a chleachtadh, í sclutaithe dallraithe ar ghliúrach folamh, í cuileach sraimlí agus criotán inti ag an ngoimh nimhneach. Tá deireadh go deo le cíléar téagarthach na gaile bruite; ní bheidh le cíoradh feasta ach luifearnach luachra gan sú gan súiteán. Nuair a thiocfas tinneas breithe ar an gcréatúr bocht ní bheidh duine ina gar ná ina gaobhar le pléascadh na mboilg leanna, ná leis an tsúileoigín a chur ar na crúibíní geala os cionn na rúitíní, ná le lámh chúnta a thabhairt di cé gur ordaigh Dia an cúnamh agus, ar ndóigh, fuair sé aird. Nach mallaithe agus nach suarach é an duine. Níl féithideach an bhéil bheo eile níos gaire dhó fhéin ná é, ag iarraidh urlámhas agus máistreacht a fháil ar an domhan mór. An suarachainín is suaraí ar séideadh anáil na beatha ina chreatlach, gan ann ach béiceadán ardghlórach agus, b'fhéidir, údar abhlóra. Is maith an scéalaí an aimsir.

Tá caint mhór, mar a deir mé cheana, ar ghalra na bó buile ach ní galra é dar liomsa ach tolgadh agus tagann sé seo as easpa cothú a bheith ar an mbeithíoch. Tá an saol athraithe ar fad; tá luas an deabhail mhóir tagtha faoi, agus an té nach bhfuil in ann súil a choinneáil leis, fágadh sé an tír nó bíodh sé sa bhfaisean agus, ar ndóigh, tá an tromlach sa bhfaisean. Mar shampla, an áit is mó a bhfuil creachadh agus léirscrios déanta ag an mblaoisc seo ná ar na feilmeacha móra agus tá saint mar chionsiocair leis seo. Mar a deir mé cheana, tá deireadh curtha le follántas agus tá an nádúr criogtha smíochta. Tá ar a laghad ar bith ochtú faoin gcéad de shláinte an duine agus an bheithígh ag brath ar fhollántas beatha agus an fiche faoin gcéad eile ar chompóirt agus glaineacht. Ar an gcéad dul síos, an duine ná an beithíoch nach gcaithfidh beatha mhaith ní féidir leis a bheith go maith agus dá réir sin tiocfaidh meatacht, laige agus rith síos. Tá beochtaí áirithe in ann cur suas le níos mó tuargaint ná a chéile ach tagann diún agus deireadh gach lá dá fhaide é agus ní dhearna luí fada ariamh bréag. Níor tháinig aicíd ariamh an ród céanna le tolgadh agus tagann tolgadh as méisínteacht agus meadráil beatha.

Tá an féar tirim á bhaint ina acraí ag na feilméaraí móra, le meaisíní fabhtacha ag silt gréis agus ola, rud nach bhfuil go maith. Fágtar ar an talamh ansin é á chartadh agus á iompú nó go mbeidh sé ina chríonach. Cuirtear trí mheaisín eile le burláil agus é ceangailte spíonta agus tá a fhios ag an saol nach cothú atá sa gcosamar sin le caitheamh chuig bó. Tá fainic curtha ar an duine masc nó púicín a chur suas nuair a bheas sé ag dáileadh na mburlaí ar fhaitíos go dtiocfadh an deannach sna scamhóga agus go mbeadh taobh na bpoll os a chionn, ach níl trácht ar bith ar bhó bhocht a tholgadh. Agus, ar ndóigh, fág an deabhal uilig ag na burlaí móra atá cuibhrithe istigh sa bplaisteach ar a dtugann siad an saghlas air, agus chonaic mé cuid agus ní thabharfainn féar ná sadhlas air. Aoileach déarfainn, mar thug mé faoi deara go raibh púdar bán idir na bréidíní i gcuid acu mar a thagadh ar íochtar carnán aoiligh capaill le teann teasa, agus sílim go raibh spéacláirí ag teastáil ó ghamhna beaga a bhí á shúmáil.

Sea, is cinnte dearfa go bhfuil go leor milleáin le cur ar an duine ó thaobh go leor tinneasacha agus aicídí a thagann ar stoc an lae inniu ó thaobh an chineál beatha atá á úsáid go forleathan. Tá béim uafásach curtha ar an saghlas burláilte le fada agus beatha málaí, mar shampla cnóite de gach cineál ar a bhfuil gach cineál meascáin iontu más cóir aird a thabhairt ar an lipéad a bhíonn greamaithe ar an mála. Cé as a dtagann ábhar nó cosamar déanta na beatha seo? Déarfainn go bhfuil amhras faoi. Is cuma beirthe ná beo é i láthair na huaire ach úsáid a bhaint as an modh nua-aimseartha agus an modh is éasca le ramhrú a dhéanamh is cuma cén caighdeán a bhfágfar an fheoil.

Tá purgóidí agus púdair eile á n-úsáid leis an ngearradh gionach a chur ar bheithígh le coinneáil ag ithe ar a stártha nó go mbeidh siad ina bpúdarlaigh bhoga bheaite agus gan sa bhfeoil ach bogarlach agus sail gheireach, rud atá go mór in aghaidh gach rud. Tinneas ar bith nó éalang éagaoineach ar bith a thagann ar stoc inniu, cuirfear fios ar an tréadlia agus is í an tsnáthaid atá feistithe no purgóid bhréige a bhfuil lán laidhre le n-íoc ar son na seirbhíse. Níl caint ar bith ar an leigheas nádúrtha a bhí á úsáid sul má bhí fios ar bith céard é tréadlia. Mar shampla, fiabhras an bhainne nuair a teanntaí aer suas ina cuid siní le gnáth-theannaire rothair agus castaí ruóg nó snáithe thart ar bharr na siní ar feadh tréimhse nó go n-imeodh an criotán agus an creathadh. Is é an leigheas a bhíodh ar scearach na laonta ná tae dubh agus ruainne súiche measctha leis ar feadh dhá lá, agus deirimse leatsa go raibh leigheas ann. Thugtaí sú seamsóg agus caochneantóg ar ghalra an mhúin fola. Carraigín barr cladaigh agus é bruite in uisce fataí, is é sin an t-uisce séalaithe tar éis na fataí a bhruth ann, ar shalachar béil. Is é an leigheas a bhíodh ar phuchán ná snáithe olna a tharraingt tríd an bpíobán le snáthaid mhór agus chuirtí snaidhm ar chaon cheann de. Níl caint ar bith orthu sin anois ach snáthaidí agus buidéil. Nuair a bhíodh slinneán amuigh ag bó chuirtí dhá thairne crú capaill i bhfoirm croise ar a ghualainn agus é dingthe le snáithe céarach. Tugadh an tréadlia chuig bó tá tamall ó shin a raibh slinneán amuigh aici agus ní raibh a fhios aige faoi sheacht ranna an domhain céard a bhí uirthi. Thug sé snáthaid di agus mara mbeadh biseach uirthi taobh istigh de bheagán laethanta í a chur chun bealaigh, an bealach soir. Ach faoi dheireadh d'oibrigh muid an seanleigheas agus d'íoc sí a bealach ina dhiaidh sin.

Níl bó á casadh go dtí an tarbh inniu ach tá an tarbh ag teacht go dtí an bhó. Dia linn. *Bulls on wheels* nó an soipín plaisteach. Ba chuma cén t-am den bhliain a mbeadh lao ag bó le mo linnse ach bheadh fáilte roimh thoil Dé agus, ar ndóigh, roimh an lao chomh maith, ach anois tá an *animal planning* go mór i gceist chun oiriúint don déantús bólachta – ar ndóigh an tsaint agus an t-airgead arís.

Ach mar bharr ar gach donas agus deabhlaíochta déarfainn fhéin gurb é an chanablacht ba chúis leis an scail bhlaoisce seo ar fad. Séideadh sop an mhic mallachtain críochnaithe nuair a tosaíodh ag meilt grúdarlaigh agus cnámha agus brocamas lofa eile d'fhuíllígh na marbhán sna bréanárais agus á dhíol ar ais go daor agus go dochrach le lucht an airgid mhóir le tuilleadh carnadh a dhéanamh trína thabhairt ar ais do na ba le n-ithe. Dar liomsa anois gurb é an cosamar sin ar a dtugtar min ghráinne agus feola air an tuar tolgtha is deimhnithe agus is cinnte don ghalra blaoisc na bó buile.

An Ceansú

Lá Fhéile Muire Mór a bhí ann go díreach. An cúigiú lá fichead de Mhárta nó, mar a thugtaí air, Lá Fhéile Muire na Féile Pádraig. Ó ba lá saoire eaglaise é ní raibh a dhath ná meath le déanamh agam tar éis an aifrinn ach a dhul ag spaisteoireacht, ag treabhadh na mbóithre leis an lá a chaitheamh, sin nó a dhul ag fiach. Maidir leis an gcaitheamh aimsire eile a bhíodh againn sna bólaí seo, is é sin iascach carraige, bheadh moill fós orainn le dhul ag baoiteáil. Ní raibh tásc ná tuairisc fós ar bhláth buí an tseileastraim.

Thug mé seársa siar go dtí an scioból le súilfhéachaint a thabhairt ar na peataí beaga agus móra a bhí ceansaithe agam le tamall anuas. Chuaigh mé go dtí an baraille a raibh mo dhá pheata coinín cuibhrithe agam le cosamar bliana, Stiútaí agus Pleibín. Bhí Stiútaí ar a sástacht, an coinín baineann ag cnangadh agus ag mugailt ar a míle dícheall agus copóg chóilise fastaithe feistithe aici idir a dhá lapa tosaigh. Bhí Pleibín ar a chorraghiob ag grinndearcadh uirthi agus é chomh rite le sciortán in úth bó. Níor cheap mé go raibh sé baol ar bith chomh sona ná ar a shuaimhneas lena chéile, Stiútaí. 'Imní an fhireannaigh tar éis na foghlach' dar liomsa. Thugadh sé corrshúil camchéatach ormsa agus ansin théadh sé ag stánadh ar Stiútaí, a bhí chomh goirgeach le próis. Ansin thugadh sé corrphocléim agus dhéanadh sé corrchartadh – b'fhéidir gurbh é an nádúr a bhí á chiapadh agus á spreagadh agus go raibh imní ag fáil treise ar a mheabhair agus a chroíúlacht, mar go raibh

Stiútaí ginte aige le cosamar trí seachtainí agus í ag iompar bolg clainne de bharr na teangmhála.

Bhí Sceidín, an broc muice, ar a stártha ag srannadh agus scáile a bhoilg ar an mballa lena raibh calctha istigh ina ghliúrach. Ní rófhada a chaith mé ina chionn de bharr ruagántacht agus, barr ar an deabhal, ní cúl gaoithe a bhí agam, agus i gcás den tsórt sin ní raibh aghaidh gréine ag déanamh mórán difríocht.

Bhí Smigín é fhéin, an sionnach, gan mhairg gan mharach, beagán den fhiántas lonnaithe ina chreatlach fós agus ní mórán deis éalú a gheobhadh sé nuair a d'fhágfadh sé slán agus beannacht, nó b'fhéidir mallacht, ag a chuibhreach agus ag na peataí eile go deo na díleann, agus rachadh de sciotán go dtí an draighean deilgneach airneach arís i bhfiántas na dtor, na dtom agus na sceach.

Bhí beagnach gach créatúr dá raibh gob idir dhá mhogall ann nó dár fhás drioball as a chadairne ceansaithe agam leis na blianta anuas agus an geiteal agus an fiántas curtha as a ndearnacha agam le peataireacht, láimhseáil agus beadaíocht, ach amháin an lacha fhiáin.

Is iomaí uair a bhain mé triail as patairí nó scalltán a bheadh cúpla lá d'aois agus d'éiríodh liom maith go leor nó go mbídís mí nó dhó nó mar sin. Bhídís chomh croíúil le píobaire in am suipéir agus bhíodh taobh na bpoll os a gcionn ar céalacan. Tuige? a deir tú. Cá bhfios dom ach deirtear nach bhfuil uige ar bith gan a bheith mar a hábhar. Is mion minic a rinne an francach aicearra go dtí iad trí urlár an cháis agus rinne stialladh liabach ar na píobáin acu, nó b'fhéidir go minic gurbh é dearmad bhean an tí nó fear an sciobóil ba tuar báis dhóibh agus a d'fhágfadh cáir an mhagaidh ar an gcat. Níl aon mhaith ag banrán ná bheith ag déanamh scéal an ghamhna bhuí dhe ach bhí mionús, mallacht nó tubaiste eicínt ag gabháil dhom fhéin nó do na lachain fhiáine.

Deirim leat, a léitheoir mo chroí, go raibh sé ag cur as go mór dhom gan é bheith d'ádh ná d'amhantar orm oiread agus ceann amháin a riaradh agus a thabhairt suas in iúid ná in éifeacht chun rath agus smais a chur air agus a thabhairt chun cineáltais agus suaimhnis i gcomhluadar na n-éanlaith clóis a bhí ag mo mháthair. Bhínn ag rá agus ag síor-rá ó dhiúin go crónachan dá n-éireodh liom a theacht ar líne nó áilín uibheacha i bpoll nó i bprochóg, i scailp nó i sáinn agus gan aon ghor fiáin a bheith faighte acu go mbeinn ar mhuin na muice gan srian ná diallait ach nár chuma; chneasódh scóladh an chadairne ina am fhéin agus nárbh fhearr go mór fada é ná srathair na hainnise a bheith ar chapall na tubaiste agus súil Uí Dhubhda a bheith le Ard an Rí agam. Ní theastódh ceirín ná buadán ach foighid agus an chinniúint a ligean le sruth. Dóchas, a mhic ó, agus an teip a dhearmadú, agus ó bhí an lá ina shaoire cá raibh rud ar bith faoin saol ab fhearr do mo leithide a dhéanamh ná iarracht eile a dhéanamh ar mo chás a réiteach agus fáil as an nguais mhallaithe úd a raibh an crá agus an ciapadh croí á riar, is é sin dá mb'fhéidir é ar bhealach ar bith.

Níor thúisce an smaoineamh tógtha ná an iarracht déanta: lig mé fead ar mo mhada agus fuair mé cuaille de mhaide agus síos liom ar nós na tintrí Bóithrín an Chommon a bhí ag síneadh díreach ó Bhóthar an Rí go Bun an tSrutha. Ar bhailiú Ard na Straidhpe agus na Troisce Bige dhom scuab mé an claí soir i nGarraí na Raithní agus siúd siar mé le ciumhais an tsrutháin agus Smuitín an gadhar gach re seal romham agus le mo sháil. Bhí snaidhm agus buille agam ar na tomacha nó gur stríoc muid na curacha boga le cladach. Bhí Smuitín isteach agus amach sna sceacha, a shrón sáite aige in ábhacha, i bpoill agus i bprochóga ach cleite ná bogán ní fhaca muid gan trácht ar nead, ubh ná lacha cé is moite de chorrphráisc nó scuaid anseo nó ansiúd.

Ní róshásta a bhíos liom fhéin, deirim leat, ag suí dhom ar

mhullach na duirlinge. Tháinig Smuitín anall go dtí mé spadánta go leor ar nós banbh fómhair a bheadh ag rómhar nó ag tochailt i ngarraí bán ar thóir solamair. Bhí sé brocach salach agus ina líbín séaclaí tar éis é fhéin a strachailt amach as prochóg phuití nó láibe a bhí ag bun an chrainn saileánaigh in íochtar Gharraí na hAille Móire. Luigh sé le mo thaobh ina stróiméad sáraithe agus banlámh agus brabach dá theanga ag sní síos lena ghiall gealfhiaclach agus séideán an éadóchais ag teacht aníos ó íochtar a scairteacha. Dhearg mé toitín agus tar éis cúpla gail bhreá ghorm deataigh ligthe chun bealaigh le gaoth ghéar, chrua, dheannachtach an Mhárta bhí an diomua agus an crá croí ag téaltú leo ina mbealach fhéin agus misneach beag ag borradh ionam arís.

Nuair a bhí mo ghail caite agam agus mo scíth ligthe agam fhéin agus ag mo mhada, thug muid aghaidh ar mhúta Gharraí na Ceártan. Ar dhruidim in araicis an mhóta bhíog an mada agus rinne sé beara seaca dá chluasa. D'ísligh sé, d'ardaigh sé, bhain craitheadh as a dhrioball agus thug aghaidh éalaithigh ar an múta go réchúiseach támáilte ach bíogúil airdeallach agus é ag cur cuma na haireachta agus an fhúinniméid air fhéin de réir a chineáil, agus an chluais agus an tsúil ag comhoibriú go haigeanta agus go hairdeallach gan cháim gan ghuaim nó go raibh sé i bhfoisceacht iarraidh slaite den mhúta. Bhí tuairim mhaith agam faoi seo go raibh fáiteall nó téagar i ngar dhúinn nuair a rinne sé slat boird dá dhearnacha agus thug luí an scabhaitéara anuas ar an bhfiontarnach eascaí a bhí thart ar bhogach an riascaigh a bhí mórthimpeall an mhúta agus é, mar a déarfá, ag snámh ar a imleacán. B'fhacthas dhom ag an bpointe go raibh gach buille dá raibh ag teacht ó mo chroí ag déanamh an oiread tormáin agus a bheadh ord mór ceártan a dhéanamh ag pléatáil iarainn ar inneoin támh. Leis sin bhí an mada ar bharr an mhúta agus é ag luascadh a dhriobaill anonn is anall agus luas thar cuimse leis ó bhun a ghiota. Ar an toirt boise d'éirigh an lacha aníos as prochóg poill a bhí lonnaithe i ruta foscúil in ascaill an mhúta i ngaireacht dhá bhanlámh dá chírín agus bhain an mada cluimhreach aisti le ailp fhíochmhar dár thug sé fúithi de ghiteagán. Lig sí scread uamhanmhar an bháis aisti a bhain macalla as Carraig Áine taobh ó dheas. D'eitil sí tamall eile agus lig sí go talamh í fhéin athuair agus í ag bhagáil go cráite, ag luascadh na sciathán faoin talamh ag iarraidh an chluain Mhuimhneach a chur ar an mada, agus b'fhéidir ormsa freisin, lena ciméar paiteanta lénar dtabhairt ar mhalairt treo as bealach na nide.

D'fhág mise an cluiche le n-imirt eatarthu fhéin agus chuaigh mé d'amhóg agus truslóg ar an múta i dtreo na prochóige ar eagla ortha an dul amú. Níorbh fhearr liom lán na maothachán a bhaint as craiceann searraigh Chnocán an Ghréasáin faoi lánbhruilteach giníocha ná as téagar na nide ag an bpointe úd. Sé cinn d'uibheacha lachan fhiáin, a mhicó mo chroí, a bhí chomh glan le criostal agus chomh gorm le plúirín. Lámh ná cois níor leag mé orthu; fiú bacadh ná baint ní dhearna mé leo ach imeacht i mo bhealach cé is moite de bhuailteán béatair a thiomáint síos trí chírín an mhúta mar threoir agus suntais nuair ba ghá.

D'imigh liom chomh gliondrach éadromchroíoch le meantán ar spuaic binne lá coscartha an tsneachta, ag cur beannacht nó mallacht le garbhshíon agus feannaideacht fheidheartha an gheimhridh ghaimhiúil gháifeach a bhí téaltaithe leis.

Tráthnóna lae arna mháireach sea tháinig mé arís agus dá mhéid gliondair dá raibh orm go dtí seo bhí mé i mo rí na méaracán ceart nuair a chonaic mé go raibh seacht n-uibhe romham an babhta seo. Bhí liom faoi dheireadh mar, ó bhí ceann breise romham an babhta seo, bhí mé lánchinnte nach raibh aon ghor fiáin faighte acu fós. Mar sin dhom ag teacht agus ag imeacht ag féachaint na nide nó gur stop sí den bhreith agus leathscór beirthe aici de mhaoil a mainge. An lá ar chinntigh mé go raibh deireadh na líne tagtha ní bheadh romham anois ach éan goir a fháil a dhéanfadh gor, ba chuma gur máithreachas nó leasmháithreachas a bheadh i gceist. Bhailigh mé liom an téagar luachmhar seo isteach i mo chaipín speiceach, a bhíodh ar feirc orm in aghaidh na síonach, na doininne agus an chruatain, agus thugas aghaidh ar an mbráca agus cúl le Garraí na Ceártan. Cé go raibh an maolán éagaointeach ag cruatan an earraigh níor mhiste.

Ar aghaidh liom ó bhí mé chomh éadromchroíoch agus a bhí is ar inn ar éigean a bhí a fhios agam an ar mhullach mo phastae nó ar bhoinn mo bhróg a bhí mé ag támáil. Ba mall, réchúiseach, spadánta a bhí mé ag tabhairt na gcrága liom thar a chéile agus an toirtín sa gculaith chinn agam ar fhaitíos go mbainfí triopáil na truisle asam agus go ndéanfaí bricfeasta mada den téagar. Ní fada a bhí siúlta agam nuair a scinneann lacha chasaoideach, chollaideach, chlamhsánach go seabhránach amach tharam mar urchar as gunna. Is beag bídeach nár théigh sí an chluais agam agus í ag téaltú tharam ina sciotán ar luas lasraí leis na sciatháin bhagartha. Chas sí i mo threo arís agus cuma dhúshlánach ropanta cogaidh uirthi agus í ag déanamh orm, agus marach chomh haigeanta súpláilte agus a bhí mé le gur éirigh liom cromada gogaideach a dhéanamh, ní ba dóigh an Cháisc ar an Domhnach ná ceann de na mogaill ag imeacht ina gob aici agus mé fágtha i mo leathdhallarán go deo na díleann. Tháinig sí fúm arís de ruathar rite reathach i bhfad ní ba choilgní agus ní ba gháróidí ná cheana agus an bardal slóchtach tochtghlórach á tacú an geábh seo. D'íslídís, d'ardaídís, chasaidís agus d'éirídís nó go dtéidís as amharc sna spéartha neimhe i bhfoisceacht buille de mhaide de gheata na bhflaitheas. Bhí an lacha cholgach, bhagartha, ardghlórach ag cur a bundúin amach gan foras agus an bardal go feargach clamhsánach agus cuma an díoltais agus na héirice air. De réir mo thuairime agus mo bharúla fhéin ní hé a mbeannacht ach a mhalairt a bhí siad a roinnt agus a riaradh liomsa. Ba leasmháthair chollaideach dhanartha a chuirfeadh milleán ar an dís chráite ach an oiread agus an saothar in aisce a bhí curtha isteach acu i lán mo chaipín d'uibheacha gorma plúiríneach le coicís is brabach anuas.

Bhí an chúpláil, an chliúsaíocht, an chúirtéireacht teasaí ar siúl le mí ar a laghad agus nach iomaí sin cogadh dearg a bhí idir an bardal bocht agus bardail eile sul má d'éirigh leis a chéile lachan a ghnóthachtáil dhó fhéin. Bhí sé mórálach gaisciúil as a dhuais agus nach é a roinn an ghiniúint go fial, fairsing, pléisiúrtha léi agus é ag giniúint a chlainne go sámhasach isteach ina broinn uibheagánach i gclaise láibeach nó ar dhroim maidhmneach fiánta na bóchna gan col ná coimhthíos leis na caiple bána. Má bhí nádúr, tuiscint ná fír ar bith iontu níorbh aon iontas iad a bheith colgach, banránach, cantalach agus a saothar anróiteach bailithe liom agam i mo sheanchaipín.

Ní go rómhór a ghoill a mbris ná a ngalar dubhach ar an mac mioscair seo ach mé ag tiaráil, ag crúcáil agus ag crácáil nó gur bhain mé an teach amach. Bhí an cath buaite agam agus gan ag clann na n-eití, na scannán agus na gcleití ach filleadh ar ais ar stuaic mháithreach na coirlí amach ó leic an Bhranra Mhóir. Bhí mo mháthair agus Bideachaín Bhuí istigh romham agus iad ar a stártha ag plumpadh snaoisín os comhair caor thine agus cá raibh cóir ná só arbh fhiú trácht air nach raibh ag an dís gan cíos, cáin ná cathú. Níor fhág mé bean tí ná árais sna seacht mbailte nár chuir mé caidéis orthu ar thóir cearc ghoir ach deabhal a dhath ná a bholadh a bhí le fáil agam. Bhí mo chroí á dhó cé nach raibh mo chaipín folamh. Bhí an chreach déanta ar na lachain ach ba chuma faoi sin dá bhféadfainn dul chun cinn leis an obair a bhí beartaithe agam. Bhí chúig lá gaibhte thart agus na huibheacha go feirc i gcomhra mhór an choirce nuair a thug mé faoi deara go raibh Práiscín ag tosaí ag sclogaíl. Gheit mo chroí le meidhir ach aríst bhuail aireachas mé faoin gcircín bheag dhubh seo a raibh na deich mbliana slánaithe aici agus nach raibh aon ghor cheana uirthi le trí bliana. Nádúr nó mínádúr? Ceist mhaith. Ar aon nós thaithigh sí ar an gcró mór agus lonnaigh sí sa gcléibhín caolach a bhí i gcúinne chró an chapaill tráth ach bhí i seilbh na gcearc ó díoladh an capall sceadach. Seachtain seideachain a bhí déanta aici nuair a chuaigh an sámhas goir i gcion chomh mór sin uirthi agus gur ar éigean a bheadh a fhios agat ar beo nó marbh a bhí Práiscín bhocht marach glugaireacht sé nó seachráin a bhíodh uaithi ó am go ham. Leag mé fúithi na huibheacha agus ar éigean a bhí sí i riocht a gclúdú mar go raibh na sciatháin smutaithe go dúid de bhíthin bradaíl.

Thug sí seachtain ghorach dhóibh gan oiread is a rachadh faoi shúil dreancaide de ghreim ná blogam a dhul ina gob ná ina hiogán. Bhí trí seachtainí fada amach roimh Phráiscín bhocht sul má bheadh sí ina leasmháthair ar chlann na lachan fiáin, is é sin dá mbeadh an t-ádh agus an t-amhantar linn araon agus gach ní ina cheart, ach dá leanfadh sí den stailc ocrais rachadh sé rite léi tarrtháil. De réir mar a bhí sí ag cur na huaire di bhí claochmú sámhais ag teacht uirthi agus dhéanfadh sí calcadh ó am go ham. Trí lá a bhí sí istigh sa gceathrú seachtain nuair a thosaigh na cinn óga ag piocadh na blaoisce agus ag bíogadh taobh istigh.

Ar chloisteáil sin do Phráiscín foras ná suaimhneas ní raibh i ndán di ach ag iompú agus ag síoriompú na n-uibheacha siar faoina cliabhrach agus í ag tnúth le saolú na scalltán nóiméad ar bith. Ar an gcúigiú lá bhí scailb ar chúig cinn de na huibheacha, is é sin, an bhlaosc pléasctha ón taobh istigh agus na goib sáite amach acu ag déanamh ar an saol mór bearránach a d'fhág ina ndílleachtaí muice iad taobh le rídéalach leasmháthar. Le crónachan an lae sin bhí chúig cinn dhíobh saolaithe, agus má bhí mac máthar ar an saol an t-am sin ba ríméadaí ná mise ba mhaith liom castáil leis. Bhí péire eile ina dteannta an lá ina dhiaidh sin. Glugar amháin agus dhá éan mharbha a bhí sna trí cinn eile. Glugar amháin! A bhardail bhoicht, céard a tharla, codladh go ham eadra nó as baile dhuit? Nár chuma ó bhí seacht gcinn faoi chúram Phráiscín anois le solamar a dhéanamh dhóibh i dteannta lámh na tarrthála – deirim leat, a léitheoir dhil, nach leasmháthair chollaideach a thógfadh an dua. Bhí an seandeabhal bocht ag guairdeall thart leo ag maíomh máithreachais agus ag déanamh bróidéis gliondrach as a clann altrama de phór agus gnéas difriúil ar fad. Má fuair áilleán ar bith faoin gcruinne cóir agus cothú ariamh, fuair siad siúd agus Práiscín é.

Cé go raibh a fhios agam nár chúram diúil iad agus nach ar an gcíoch a bheidís ag brath, fuair Práiscín fhéin aire an naonáin. Bhíodh feadhnach bairnigh, faochain agus bruscar aráin gan ciondáil gan tomhais agus cead acu scáile na gliúraí a chur ar an mballa. Marach leisce na háibhéile agus seachaint na bréige déarfá go bhfeicfeá ag méadú agus ag neartú iad in aghaidh an lae. Bhídís ag súmáil leo ar fud na sráide, sa ngarraí ar chúl an tí agus súil saor cloiche ní aithneodh iad thar lachain tíre ach go raibh galántas ar leith ag baint leo chomh maith le geitealach.

Bhí chuile shórt ag dul ar aghaidh go spleodrach agus an saol ar sheol na braiche acu nó go dtáinig an seabhac mar scail thoirní agus gur sciob leis péire dhíobh ina chrúba géara, iongacha, sporacha as amharc Phráiscín agus eile i dtreo na nide a bhí aige ar spuaic binne. Rinne francach a bealach isteach go dtí iad an oíche chéanna agus ná raibh dea-bhail ar an mbacach mara ndearna sí fhéin faobach ar phéire eile acu. Bhí mo chroí briste agus ní ba taise le Práiscín é mar foras ná suaimhneas ní raibh i ndán di ach í go clamhsánach, goirgeach, coilgneach ar thóir díoltais agus í ag gágaireacht go síoraí. Chuaigh mé ag baint sásaimh amach de na francaigh le nimh, ach mo chraiceann dearg ná raibh ag an deabhal mararbh í Práiscín fhéin agus péire eile de na lachain óga a thóg an baoite agus bhí an ceann trom den bhéatar faighte ar an gcincín agam. Bhíodar spéiceáilte romham ansiúd agus gan striog iontu agus gan ach cadhan aonraic fanta beo, ina dhílleachta muice gan athair gan mháthair, gan drifiúr ná driotháir le breathnú ina dhiaidh ná le fír shúmála a chur ann ní áirím fír na maitheasa.

Bhris an deoir faoi mo shúil ar fheiceáil an díthreabhach bocht lonnaithe thuas ar Phráiscín i lár lonnú an chró agus gan aige ach corpán seacaithe tar éis na híospairte. Chuir mé na coirp i dtalamh gan tórramh ná eile agus trua an spriogadáin a gheofaí sa mbruth faoi thír agam dhóibh. Nuair a bhí an obair chroíbhriste sin déanta thug mé liom an cadhan aonraic isteach cois an teallaigh as bealach gleo agus torainn, bruíne agus basctha nó gur chóirigh a leaba dhó i gceaintín lata a bhí caite i dtraipisí le tamall de bharr tóin rilleach a bhí ag scairdeadh. Thug mé aire an linbh dhó oíche agus ló ar eagla go mbeadh dearmad bhean an tí ag an gcat, nó dearmad fhear an tí an babhta seo b'fhéidir. Cér bheag a dhonacht, a deir tú, agus nárbh é díol an deabhail dóite dá gcuirfí leis an mísc. Thug mé aire an ghloine chriostail dhó agus ba ghearr go raibh sé ina phutach ramhar beaite agus galántas agus áilleacht thar cuimse ag rith leis. Nuair a cheap mé go raibh sé seanórtha go leor le fáiteall agus súmáil a sholáthar dhó fhéin, lig mé amach leis na lachain chlóis é. Is air a bhí an clúmhnachán ba deise dá bhfaca súil duine ariamh agus loinnir ghléineach shnasta ar nós an airgid bheo ag lonradh tríd. Ní raibh a fhios agam ar feadh i bhfad ar fireannach nó baineannach a bhí agam nó gur chas an phéic fabhartáin nó an chleith stiúrtha a bhí i mbun a ghiota agus gur shlóchtaigh a ghlór. Bhí a fhios agam ansin gur bardal a bhí ann agus bhaist mé Murcha mar ainm air, agus bhí a sheacht n-oiread ríméid agam as an bhfireannach bocht a bhí ina Oisín i ndiaidh na Féinne ná dá mba baineannach a bheadh agam.

Smaoinigh mé láithreach dá mb'fhéidir liom trasphórú idir

Murcha agus na lachain chlóis gur gearr go mbeadh glaoch agus gairm i bhfad agus i ngearr ar a stór is a ghin. Bhíodh sé ag fálróid thart leis na lachain chlóis agus is minic a bhíodh siosmarnach agus cocaireacht idir é fhéin agus Rómeó, an bardal mór, ach pé ar bith cén scéal é más á chomhairliú a bhí Rómeó fanacht amach uathu nó arbh é an galántas agus uaibhreacht Mhurcha a bhí ag goilliúint air. Is críonna an té a déarfadh. Ar aon nós, ní raibh mise rómhuiníneach ná dóchasach as saibhreas a ghineadh mar gráinteacht, mórtas, cliúsaíocht ná córtas dá laghad ní raibh sé a dhéanamh leo ní áirím tuairt na teangmhála a bheith ar imeacht gan tuairisc. Thugainn liom mo mhaide camógach agus bhainfinn séarsa síos suas an garraí astu dó nó trí do chuarta sa lá mar shúil is go luífeadh sé isteach le cúrsaí nádúr saolta agus go gcoipfeadh ragús an dúchais ina chreatlach ach deabhal é ach an oiread is dá mba seidhear circe a bheadh amach roimhe. Fuair mé tuirseach don phiteogacht agus chaith mé isteach an tuáille, á fhágáil faoi ghrásta Dé nó eile. Tar éis bordáil seachtaine nuair a d'athraigh an aimsir agus a théaltaigh an ghoirgeacht agus an deannachtáil agus a tháinig taithneamh beag ó bhanríon an tsuáilcis, marar thosaigh sé ag biorú.

Thugadh sé rite reaite, sheasadh sé, chuireadh sé gleann ina dhroim, bhreathnaíodh sé siar air fhéin, bhaineadh sé fad as fhéin, luíodh sé ar an talamh, ghníodh sé an suí cadairne, agus an geáitse nó an cur i gcéill nár chuir sé i gcion níl sé i gclár ná i bhfoirm. Seal mar seo leis, seal mar siúd leis, seal ag rídéalacht, seal ag rálaíocht, seal ag rífeáil, seal ag súmáil agus seal ag ciméaracht. Ó, a mhic ó, níor mhór dhuit foighid, agus nár mhinic a deirinn agus mé ag mútráil agus ag sioscadh liom fhéin gur ag ardú an chloiginn orm a bhíodh sé, ag baint sásaimh agus éiric feidheartha na nide dhíom b'fhéidir, agus an ceart ar fad aige. Nach mé a d'fhág gan athair gan mháthair, gan driofúr ná driotháir é, ina chadhan aonraic, ina Oisín i ndiaidh na Féinne. Is mé, a mh'anam ach cén neart a bhí agam air, a deir tú. Deabhal é ach fiosaireacht.

Ba ghearr gur thosaigh sé ag cluanaíocht ní b'ábalta, agus ag an deabhal go raibh na míoltóga beaga marar thosaigh sé ag piocadh an chúil ag slíomóigín de lacha bhán, agus ba ghearr an chéipreáil ar bun nó gur chuir sé cor coise inti agus seo chun talún í in íochtar an gharraí ar cholbha lochán na láibe. Bhí sé ina thuairteáil is ina threascairt, ina shliseáil is ina lascadh, mullach cinn, ar fhleasc a dhroma, ag tónacáil is ag rúcáil nó gur éirigh leis an ceansú a dhéanamh agus ba gairid nó go raibh gaol mhada Úna le mada Áine idir an bardal meidhreach agus an lacha bhán, cadairní i gcomhar le chéile agus Rómeó agus cor ina scrogall muiníl ag grinndearcadh. Uaidh sin amach ní ba namhaid í a cheird do Mhurcha; bhí sí aige go paiteanta agus ba chuma leis uaidh sin amach dubh, buí, bán ná riabhach a bheadh an lacha ach bhí sé ag féachaint a ghaisce léi. Nuair a chuaigh a chliú agus a cháil i gcéin agus i gcóngar ní raibh seanbhean ná bean óg as na seacht mbailte nach raibh ag teacht lena gcuid lachan ar lorg seirbhís trasphóraithe ón éan éachtach seo.

Deich scilleacha nó caoga pingin a bhínn a lorg ar an tseirbhís ach go mbíodh B&L, bricfeasta agus leaba, isteach leis sin, ach arís ar ais ní ba droch-chúiteamh seirbhíse é mar sin, an t-am go mb'fhiú rud eicínt punt. Tá mé ag rá leat gan áibhéil, bréag ná magadh go raibh sé ag íoc a bhealaigh leis chomh maith le tarbh cloigeann bán ag an am sin agus gan de chaillteanas á dhéanamh leis ach dhá ghliúrach bairneach gach lá. Bhí cliú agus cáil ar phór Mhurcha ar fud an pharáiste mar nár tháinig ubh as tóin lachan dár síolraíodh on mbardal nach mbíodh cúpla ins gach ceann dhíobh, agus scaití trí cinn más fíor don amhrán. Bhíodh na cúig nó sé de phunta i gcúl mo ghlaice agam beagnach chuile lá ar feadh shéasúr na cúplála agus tá mé ag rá leat nach raibh gainne ná ganntan ar fud an tí. Bhíodh luach an ghráinne tobac, tae, siúcra, plúr, snaoisín, corrchrúsca agus déileáil na coise tinne nó an drochlá. Bhí chuile shórt ar sheol na braiche againn an fhad a mhair Murcha ach, faraor, is minic nach fada an dó uaidh an só agus b'in a fhearacht againne é.

Lá dá raibh sé ag trasnú an bhóthair ina ghiteagán agus Róméó leis an drioball aige tar éis duncais buailte a thabhairt dhó, díleá ar na madraí mara ndeachaigh carr trasna ar a dhroim nó gur rinneadh leicíneach de, agus is mion minic a deirim nach bhféadfadh an t-ádh bheith orm tar éis mallacht lachan agus sailm bardail.

Beidh faobach ar lachain ag tóraíocht an bhardail,
Beidh na línte á mbreith is gan ceann le cur síos,
Iad ag imeacht ag súmáil is ag screadach go cráite,
Mar beidh siad gan bardal, gan máta, gan spraoi.

An Mianach

Beidh cuimhne i gCois Fharraige ar lá aonach an Mheithimh 1917 go deo na díleann. Lá brónach go cinnte a bhí ann agus d'fhág sé séala agus stampa an uafáis ar chomharsanacht agus ar cheantar Chois Fharraige agus go mórmhór ar an Lochán Beag. Le bheith cruinn faoi, déarfainn gurbh é an lá ba bhrónaí, ba thruamhéalaí agus ba thragóidí é i stair an cheantair. Sin é an lá ar phléasc an mianach ar an Trá Shalach sa Lochán Beag agus ar mharaigh sé naonúr fear in aon iarraidh amháin. Fágadh baintreacha agus dílleachtaí tar éis na tragóide ag strachailt agus ag stracadh leis an saol crua anróiteach a bhí ann an uair sin.

Tugadh faoi deara an strúiméad de rud seo ar fuaidreamh i mbarr toinne amach os cionn an Mhatail agus ós rud é go mbíodh go leor raice nó bruth faoi thír ag teacht isteach le toinn ag an am, cé a chuimhneodh nach téagar agus éadáil mhaith a bhí sa strúiméad seo? Cé a chuimhneodh gur contúirt, bás nó dobrón a bhí i ndán do Chois Fharraige nó go bhfágfadh sé séala an uafáis máguaird dá dtugtaí isteach chun na trá é?

Bhí sé suntasach go maith agus aduain go leor ina chuid fuaidrimh seachas aon rud eile dár tháinig i dtír go dtí sin. Seal á dhearcadh amach ón trá, scaipeadh an scéala go raibh a leithide ann. Ba ghearr go raibh na sluaite ina seasamh ar staidhcí agus ar bhallaí ag dearcadh amach ar an éadáil mharfach a bhí ar dhroim na bóchna. Bhailigh roinnt mhaith daoine síos chun na trá agus chuile dhuine agus a scéal agus a bharúil fhéin aige. Ar deireadh beartaíodh curach chanbháis a chur chun farraige agus é a scrúdú agus má b'fhiú é a thabhairt isteach é sin a dhéanamh. Cuireadh chun farraige agus ba ghearr go rabhthas chomh fada leis an mbuachaill marfach. Níor baineadh meabhair ná scil dá laghad as ach beartaíodh é a cheangal suas agus é a tharraingt i ndiaidh na curaí isteach ar an trá agus, mar a deir an file:

Nach ar mhuintir an bhaile a bhí an lúcháir,
Ar fheiceáil an bhoc ar an trá,
Is nach beag acu a cheap go raibh aon dainséar,
Sa mbuachaill, mo chreach is mo chrá.

Mar sin a bhí an mianach mallaithe sin os a gcomhair amach agus a chuid spiacán agus adharc ag lonradh faoi ghrian gheal an tsamhraidh. Bhí chuile dhuine idir óg agus chríonna ag caint agus ag comhrá, ag cur is ag cúiteamh ach fós ní raibh duine ar bith in ann a rá céard a bhí ann. Seal maith dhóibh mar sin á láimhseáil agus á bhreithniú. Bhí an tráthnóna ag sleamhnú thart agus thosaigh roinnt mhaith daoine ag fágáil an chladaigh agus ag dul a mbealach fhéin ag ullmhú chun siobála an tráthnóna go dtí nach raibh fágtha ach slua an-bheag. Ar deireadh ní raibh fágtha ach deichniúr. Tosaíodh ag scrúdú is ag láimhseáil aríst agus gan cuimhne dá laghad acu go raibh siad sna preaba deiridh agus ag comhrá leis an mbás. Ach, faraor géar, bhí.

Thosaigh an scrúdú is an láimhseáil,
Agus corraíodh rud eicínt ina lár,
Ach nuair a baineadh dhá chasadh den eochair,
Ní raibh saol dhóibh ina dhiaidh ach scaitheamh gearr.

Casadh an eochair mharfach faoi dheireadh agus iad bailithe thart agus an tragóid agus an tubaiste thart orthu. Ní mórán seans a fuair siad mar, ó thosaigh an deatach nó go raibh an pléascadh ann ní raibh ann ach beagán, thart ar chúig nó sé shoicind. Bhí ógánach seacht mbliana déag ann, agus nuair a chonaic sé an deatach léim sé ar chúl carraige agus d'éirigh leis a theacht as an ngábh. Ní gá a rá nach raibh sé slán ach bhí sé saolach agus is é a rinne cur síos ar gach ar tharla an lá úd.

Fágadh leonta, dóite agus scanraithe mo dhuine ach ó d'éirigh leis a theacht as an ngábh níor chás dhó é. Scaipeadh an naonúr eile ina bpíosaí sceanta ar fud na háite. Na beithígh a bhí sna garranta thart, bhí siad craite, scanraithe agus cluas ní raibh siad in ann a dhíriú arís go ceann fada an lá de bharr an torainn agus gaineamh na trá séidte isteach iontu. Deirtear gur craitheadh na gréithre ar na drisiúir amuigh in Uachtar Ard os cionn scór míle as láthair. Nuair a phléasc an mianach d'fhág sé poll sa trá a bhí chomh mór le clais ghainimh.

Ba é sin an lá ba léanmhaire agus ba bhrónaí i stair an Locháin Bhig agus go brách na breithe chúns bheas uisce ag rith nó féar ag fás ní féidir é a dhearmad. B'as baile an Locháin fhéin roinnt mhaith de na fir seo agus duine nó beirt as an Teach Mór agus na hAille. Tá an bás uaigneach agus brónach ach tá sé chomh nádúrtha ag duine imeacht den tsaol agus atá sé a theacht ar an saol ach é ag imeacht nádúrtha. Ach is scéal eile ar fad é an bás tragóideach, tubaisteach, timpisteach agus sin mar a bhí an scéal ar mo bhaile fhéin an lá úd ar an gcúigiú lá déag de Mheitheamh 1917. Tá leacht cuimhneacháin tógtha ar an láthair ar tharla sé ó rinneadh comóradh an leathchéad bliain air, ar mhullach na haille a thug scáth agus foscadh don aon duine amháin a tháinig slán as tubaiste uafásach sceonmhar an lae úd. Solas síoraí na bhflaitheas go dtuga Dia dá n-anam agus d'anamacha na marbh ar fad.

Thosaigh an deatach ag ardú,
Agus beidh cuimhne ar an bpléasc úd go brách,
A mharaigh na fir sa Trá Shalach,
Go raibh a n-anam ag Rí Geal na nGrást.

An Misiún Mór

Paráiste ar bith a raibh sé de mhí-ádh air go scoithfí crú ann nó go mbeadh tréiscint na slise ann tar éis rabharta sliseála, ba é a dhualgas cuairt an mhisiúin. Ní rófhada a bhíodh rud ar bith tarlaithe nó go mbíodh an scéala ar leac an teallaigh ag an sagart, mór, olc, maith nó dona, agus go mórmhór an t-olc, mar go mba é a phort agus amhrán an mhaith a dhéanamh agus an t-olc a sheachaint. Ba mhinic comhairle mhaith ag leathcheann agus ba é a fhearacht aige siúd é, ach nár mhion agus nár mhinic cloiste cheana againn é déanamh mar a deiridís ach gan déanamh mar a dhéanaidís, agus nár chríonna an té a dúirt.

Ní raibh rud ar bith dá gcloisfeadh an sagart mór nach mbíodh stampáilte i gcúl a chinn aige agus nuair nach mbíodh mórán ar a aire ó cheann ceann na seachtaine, cé is moite d'aifreann na maidne, bhíodh an chuid is fearr den lá aige scaradh ar an tine ag súmógacht gáilleoga uisce báis nó beatha, pé acu. Ní bheadh an sagart mór fíorbhasctha amach is amach marach galar na fiosrachta agus graithí gan iarraidh agus, ar ndóigh, níor bheag a dhonacht. Ós rud é go raibh leigheas ina chall air agus nár ghair dhó fhéin a dhúil a shásamh gan cúnamh, bhí air bualadh suas le cúpla cluanaí agus tónacán nó, mar a tugtaí orthu thart sna bólaí seo 'Tóinlíochánaithe', mar go ndéanfadh siad freastal ar thóin na bó buinní fhéin ar sholamar.

Mar a deir mé, bhíodh na scéalta ag teacht chuige, agus an ceann nach mbíodh pacáilte sa bhfolach aige bhíodh sé sa leabhar dubh cuntais cín lae, agus mara mbainfeadh sé sin adhmad as níor lá go maidin é. Cúrsaí poitín agus goid mhóna an mír a bhí ar bharr an liosta aige don mhisiún mór an iarraidh seo má b'fhíor, ach más ea níl blas dár chuir ceannaí ina mhála ariamh nár bhain an boc iompú, fogha agus easpa as nuair a tháinig sé. Cúirtéireacht, ó bhó go deo, níor chreid sé ann má b'fhíor dhó fhéin ar aon nós ach cé aige a bhfuil a fhios? Cé a bhí lena bhréagnú nó a mbeadh sé de mhisneach aige cur chuige nó uaidh? Nárbh é fhéin an Misiún Mór? Nárbh é caiptín na foirne é, an ceann feadhna é, agus an ceann dána chomh maith. Má bhíodh aon tuirse lae ar an mbuachaill úd níorbh ar a theanga é.

Is é an chéad seanmóir a thug an Misiún Mór ar an gcéad oíche ar tháinig sé sa bparáiste ná peaca na drúise. Cé go mba é an séú haithne é agus go raibh chúig cinn roimhe agus cúpla ceann eile ina dhiaidh, chaithfeadh sé tús an phota a dhéanamh dhe. Bhí an fógra tugtha ag an sagart ó altóir Dé ar an Domhnach roimhe gan aon duine faoi sé déag a bheith i láthair ag an tseanmóir, mar go raibh sí dírithe ar dhaoine fásta go háithrid. Bhí an t-ordú faighte a bheith ann in am, go mbeadh sé ag tosaí díreach ar bhuille a seacht agus gan a bheith oiread agus nóiméad amháin deireanach ar mhaithe dhuit fhéin. Tá mé ag rá leat go raibh an sagart mór seo a bhí againn fhéin sách teann, dúr agus doicheallach agus go bhféadfadh sé a bheith bagrach freisin an tráth a mbuailfeadh bundún nó teasaíocht é. Ach bhí na daoine ag biorú suas le mo linnse agus ní bheidís chomh gasta ag an dá láimh sa hata don bhuachaill agus a bhíodh an líne a tháinig romhainn.

Bhí go leor a bhíodh sách támáilte ag crochadh ceann fhéin ag tabhairt na cluaise bodhaire dhó chomh maith agus, ar ndóigh, ní ba leis ab fhaillí é lena chur sa gcuntas cín lae. Is é an áit a raibh an Misiún Mór lonnaithe ag an doras tosaigh agus leathghualainn mhaingeach air in aghaidh ursain an dorais ar nós rídéalach spalptha ar an mballa fada ag tnúth le fóirithint ar a thart a choisceadh. Go mba slán an tsamhail, ní raibh sé ag fáiltiú roimh aon duine ach ag síorfhógairt, 'Déanaigí deifir, déanaigí deifir! Crochaigí na spága agus titfidh siad uathu fhéin.' Ní ba cosúlacht an-soineanta ná suáilceach é sin ach cé a déarfadh nach fearr an té a chum ná an té a cháin. Ní linn an bhreith a thabhairt ach le Rí Mór na gCumhachta, moladh go deo leis.

Nuair a bhí an séipéal pacáilte dhún sé an doras agus chuaigh sé de ruathar síos tríd an séipéal, crois mhór adhmaid sáite síos lena chrios aige agus an Slánaíodóir tairneáilte ag cur Chalbharaí i gcuimhne don té a raibh an dearmad ag fáil treise air. An seabhrán a bhí ag imeacht óna chlúdach colna cháithfeadh sé coirce. Bhí paidrín fada síos lena thaobh ón Slánaíodóir agus bhí chuile chloch dá raibh air chomh mór le fataí préacháin ar a laghad. Ba mhinic paidrín fada ag buachaill báire, deir siad, agus ba é a fhearacht aige é: ba ceann acu é. Suas leis céimeanna na haltóra agus an caipín beag trí-speiceach air agus dá ghrinne do ghrinneas ní bheadh a fhios agat ar soir nó siar a bheadh sí iomptha mar gheall ar na trí speic a bheith uirthi. Thug sé aghaidh amach ar an bpobal agus an ghruaim in áit an ghrá. Bhí pastae breá cinn air gan bhréig gan mhagadh agus go deimhin bhí an chuma air nach mba fear é a raibh aon chúthaileadas boird air mara raibh sé fhéin agus a chosúlacht ag dul in aghaidh a chéile.

Bunastán d'fhear teann a bhí ann, leathanghuailleach, teannghimideach, tromchorrógach agus toirtiúil dá réir fré chéile cé go raibh roinnt de na fir mhóra a bhí thart anseo ag rá go mb'fhéidir go mba suarach é, gur toirt ciomacháin a bhí ann. Bhí clár bathaise air cinnte agus ní ba náireach dhó í, leicne craosacha dearga air agus srón dá réir. Srón réasúnta fada ach í cineál leathnaithe ach, ar ndóigh, b'fhéidir go bhfuair sí údar. Thug sé aghaidh amach ar lomlán theach an phobail idir óg agus sean, lag agus láidir, agus seo mar a thosaigh sé:

'Tá a fhios agaibh cé hé mise, an bhfuil a fhios?' Á, deabhal freagra ach scéin ins chuile dhuine ag breathnú ina threo. 'Mara bhfuil a fhios is gearr go mbeidh.' An scéin ag méadú ina measc ag fanacht leis an gcéad siota eile. Á, nach é an saol a d'athraigh. 'Cá bhfuil an scubaidín sin, an donóg, an tuaróigín sin a rinne ifreann na mbeo ar an talamh di fhéin? An tóin le talamh sin ba chúis le mo chuairtse ar an bparáiste seo. Cá bhfuil sí, a deirim?' Bhí a ghlór ag ardú ina thuairteanna goilliúnacha gan taise gan trócaire. 'Cá bhfuil an sreamachán suarach a bhí ag cluanaíocht thart léi i gcúinní dorcha nó go ndearna sé cis ar easair di agus deabhal díobhálach dhe fhéin i measc an phobail?'

Lean sé air mar sin ar feadh leathuaire an chloig, ag síor-rá, ag uallfairt, ag íospairt nó go raibh fead ghoile ann ag fadú na haithinne i ngríosach na híospairte: peaca na drúise, peaca na colna, an peaca gránna, peaca na saille, peaca an phléisiúir. Ó bhó go deo, cá bhfuil an mí-ádh nó an smál nach dtiocfadh i dtreo agus anuas faoi mhullach an té a mbeadh sé ina chlaonta a dhul i ndiaidh a mhullaigh i gcaochpholl na haimhleasa. Caint ar chaochpholl na gramadaí! Bíodh ciall agat, a dhuine; bhí leigheas ar do bhotún sa gcás sin: stríoca dearg ó pheann an cheartaitheora agus bhí gach rud ina cheart.

Ar feadh an ama seo ní raibh focal faoi Ádhamh ná máthair na mbeo. Bheadh iontas orm marar chuala sé fúthu, nó ar cheap sé fós nach raibh de mhionús déanta ach smailc a bheith bainte as úll na haithne? Nach iomaí úll smalcaithe ó shin. Nó ar cheap sé go ndearna Dia dearmad súil a choinneáil orthu de bharr tuirse agus tromshuan na seachtaine móire tar éis chruthú an domhain? Más mar sin a bhí, ba chóir dhó comhairle a ghlacadh le comhghleacaí eicínt sul má thosaigh sé ar an nglaomaireacht. Sílim go mba dearmad mór iad a ligean isteach sa ngairdín ar dtús colainn-nochtach más rud é go raibh coimhthíos faoin bpeaca nó faoi chaochpholl na haimhleasa. Ach más buan mo chuimhne nár dúradh leo a bheith torthach, agus nárbh é siúd an toradh agus an freagra. Bhí cur agus cúiteamh ar feadh na gcéadta bliain cá bhfuair ár gcéad sinsir a n-ainmneacha baiste má bhí baisteadh ann ag an am – ní móide go raibh. Déarfadh daoine áirithe gur as sacadh nó magadh a tháinig siad ach tá sé deacair a rá. Bhí Ádhamh cruthaithe ar dtús ina mheallamán puitigh nó créafóige i gcumraíocht dhaonna, agus bhí sé ráite agus b'fhéidir scríofa, gur uaigneas, nó b'fhéidir nádúr nó easpa grá ba chionsiocair le máta nó leathbhadóir a chur ina chuideachta, agus seo mar a chuir an file é:

Meallamán puitigh i gcumraíocht dhaonna,
Is gur easna as a thaobh a chéad mhíle grá,
Chuaigh sé ag creimeadh na cnáimhe, ach d'íoc sé go daor as,
Ag saothrú a ghreama le allas a chnámh;
Cuireadh an síol ins an loirg faoi fhoscadh an chrainn úd,
I ngairdín an aoibhnis i bhfochair na mbláth,
Tháinig meath ar an toradh a d'fhás as an síol úd.
Is gurb é suaraíl an tsaoil a d'fhág é faoin bplá.

Ní moltar gnás a dhéanamh ná gnás a bhriseadh; mar sin má thagann do mhéir idir ord agus inneoin is léi a bheith tinn. Bhí daoine ag rá gurbh í máthair na mbeo a fuair a hainm ar dtús nuair a chonaic Ádhamh os a chomhair amach í agus í nocht, gur thosaigh sé ag síneadh a mhéire chuici agus gurbh é an chéad fhocal a tháinig as a bhéal ná 'Éabh!', agus más amhlaidh go raibh náire uirthi agus go raibh sí ag lorg trua le gur dhúirt sí 'Ádhamh!' nó gurbh amhlaidh a scanraigh sí, ba é an chéad fhocal a bhí tugtha síos a dúirt sí. Ní mise a dúirt é ná a chum é ach sílim go bhfuil sé le bréagnú fós.

Nuair a bhí a bhundún amuigh aige ag feannadh, ag liobairt, ag leadhbadh agus ag íospairt ar lucht déanta sú an ghráinne eorna, íocshláinte na linne – sú an ghráinne eorna ar a raibh leigheas na héagsúlachta galar ann: piachán, cniotán, cársán, ramallae, scoilteacha agus go leor nach iad. Ba é siúd an súiteán a bhí gaibhte thar mholadh beirte, a bhí saor ó cháin agus ó cháineadh cuma céard a deir na buachaillí. Bhí sé ar cur a chosa tríd an urlár agus ag liúradh agus ag uallfairt, ag maslú na híocshláinte, á mallachtú, á maslú agus, ar ndóigh, duine ar bith a bhíodh ag plé leis ba é ba cionsiocair bá agus bascthа é, troid, bruíon agus achrann, easaontas agus clampar. Is beag nár dhúirt sé gurbh é ba chiontaí le gága agus oighreacha, treaslóga agus gearradh drúichtín, an spiorach agus an seilmide ladhrach . . . Á stop, a dhuine, déarfadh sé go leor eile dá gceapfadh sé go gcreidfí é. Ní dhéarfadh b'fhéidir, go dtuga Dia ciall dhuit ach, mar a deir mé cheana, bhí na daoine ag biorú, agus más neamhairdiúil nó bodhaire bhréige, déarfainn go raibh cuid dá thuras in aisce. Bhí sé ar a stártha ceart agus é ag pocléimneach ar nós an mhionnáin, aon dó trí léim san aer, ar gcúl, ar aghaidh agus nárbh fhurasta duine a fháil a chuirfeadh racht agus falrach gáire as dá gcaillfeadh an bunastán an balasta agus go scoithfeadh céim. Ar gcúl arís, sleaschéim, an chroch chéasta ina chiotóg agus an deasóg crochta, é i gcruth pléasctha agus é ag fógairt in ard a chinn is a ghutha go raibh sé ag dul ag caitheamh na croise. Á, nach minic ina dhiaidh sin a bhíodh muid ag rá gur ríbheag a cheap sé de Mhac Dé agus den Mhaighdean Mhuire, ag dul á caitheamh ina seanurchar amach ón altóir agus b'fhéidir Críostaí eicínt a bhualadh ar thobar an bhaiste nach raibh ag cur chuige ná uaidh agus b'fhéidir é a fhágáil éalangach arís lena mharthain, go dtarrthaí Mac Dé sin, moladh go deo leis.

Bhí seanmóir an phoitín nó, mar a thug an buachaill air, bainne na heasóige, ar an bpíosa ba lasta dá ndearna. Bhí mallacht an tseanhata á caitheamh go tréan ba chuma cé air a dtitfeadh sí. Ní bheadh rath ná smais, ádh ná amhantar, forás ná dul chun cinn ar aon mhac mallachtain ná iníon óinsí a mbeadh baint ná páirt aige ná aici leis an dí mhallaithe sin. Bhí sé ar do sheans dá dtéiteá thar a chomhairle nó thar a chuid fógraíochta íospairteach go dtachtfaí thú nó go ngreamódh do lámh den ghloine agus an ghloine de do bhruas dá mbeadh sé de dhánaíocht ionat blaiseadh den phoitín agus sú súilíneach an ghráinne eorna. Ó, muise, nach iomaí ceaig folmhaithe ó shin. Ní hé a bhí ólta acu an lá ar báthadh an *Titanic*. Níl mé rá go n-aontódh an sagart mór leis go hiomlán cé go mb'fhéidir go dtógfadh sé a pháirt ag an bpointe sin dá gcuirfí an cheist. Ar ndóigh, grá nó faitíos.

Muise railí a fháil ar maidin dhe,
Níl rud ar bith chomh breá leis,
Is dá dtugtaí a bhlas don tseanchailín
Nach dtabharfadh sí dhuit fáisceadh;
Réiteodh sé an sceadamán
Is ní bréag atá in mo ráiteas,
Nuair a d'éiríodh sí as an leaba amach
Dhaimhseodh sí ar phláta.

Tháinig cúrsaí faoistine ansin agus shílfeá, dar leis an Misiún, nach raibh óg ná sean, lag ná láidir in ann faoistin fhúinniméadach a dhéanamh i láthair Dé gan déanamh mar a déarfadh sé fhéin, ní mar a dhéanfadh sé – cé nár chuir sé an leagan sin caol díreach air, dar a shon go gcuirfeadh, tá a fhios agat.

'Cáid ó bhí tú ag faoistin cheana?'

'Tá sé trí – Tá sé trí – '

'Trí bliana, an ea? Ní hea. Agus marab ea cén fhad? Trí seachtainí! Agus an bhfuil tú ag rá liomsa go bhfuil tú chomh faiteach sin tar éis – '

'Níl mé ach – '

'Ach céard?'

'Admhaím do Dhia . . . Admhaím do Dhia Uile – '

'Labhair amach, abair ceart é. Inis do pheacaí.'

'Bhí mé – Tá mé – '

'Bhí, tá, tá tú. Céard é fhéin?'

'Tá mé ag siúl le cailín.'

'Céard é fhéin? Céard atá ar siúl agaibh? Cuirfidh mé adharca oraibh mara stopfaidh sibh láithreach. An deabhal aríst, obair an deabhail atá ar siúl agaibh.'

Cúinní dorcha, láimhseáil, fáisceadh, póga cionsiocair peaca marfach. Cé gurb é ifreann ceanncheathrú agus conlán athair na mbréag, níor mhian leis é a chur thar leac na corónach fhéin go mídhlisteanach ní áirím go fíoríochtar pholl na luatha.

Rud amháin a déarfainn fhéin, agus ní mise tús scéala air, gur mó dochar ná samhaoin a rinne an Misiún Mór agus a leithide don ghlúin idir dhá ghlúin. Mol an óige agus tiocfaidh sí, agus is fíor an chaint í. Feicfear dhom dá mhacasamhail a raibh scolaíocht agus foghlaim coláiste air go mba chóir go mbeadh fios a labhartha agus modh stiúrtha níos pointeáilte agus níos cúramaí aige, rud nach raibh. Ní raibh a dhath níos mó ar a mhian aige ach bagairt agus bataireacht ach cuimhnigh gurbh iomaí maistín agus mac danartha a bhain géagán a thug lascadh dhó fhéin. Ach ní raibh baol ar bith go raibh sé siúd ag dul ag maolú ar a cheird ná ag dul ag ól gáilleog dá phurgóid fhéin, ach tháinig an lá gur theastaigh ón mbó úsáid a bhaint as a drioball! Más cosaint ar chleabhair nó ag scuaideáil guairneáil sneachta dá caoldroim é. Laethanta na seanriabhaí b'fhéidir, b'fhéidir. Má thagann do mhéir idir ord agus inneoin beidh pian ort. Bí ar d'aire, a dhuine. Mo chomhairle dhuit, a léitheoir, a bheith dílis – dílis do do chreideamh, dílis do Dhia agus do Mhuire. Coisric do mhalaí, feac do ghlúin agus buail an talamh. Tabhair d'aghaidh ar an bhfaoistin, déan dearmad ar an aimsir chaite. Dírigh ar bhealach do leasa agus seachain caochpholl d'aimhleasa. Cuimhnigh gur bás críoch gach beo, go mba fada uainn é, ach céad fáilte roimh ghrásta Dé. Maireann an chraobh ar an bhfál.

Siar sna Blianta

Siar go maith san blianta ó shin, b'fhéidir 1860 nó mar sin agus, ar ndóigh, roimhe agus ina dhiaidh is dóigh, ba bhocht go deo an ceantar é seo agus, ar ndóigh, ní ba scéal nuachta ar bith leis an gceantar seo é ach an oiread le ceantar ar bith Gaeltachta. Is ar aimsir mo sheanathar atá mé ag dul ag trácht anois sa scéal seo.

Ag am a raibh seisean ag cur síos dhomsa ar chuid de na heachtraí a tharla dhó is mór an t-athrú a chonaic sé tagtha ar an saol agus ar na daoine fhéin. Go ndéana Dia grásta air! Tá sé ar shlí na fírinne anois le fada. Ag éirí suas ina scorach óg dhó, bhí saol crua ag chuile dhuine dá raibh thart sna rutaí seo agus, ar feadh achair, ar chaon taobh soir agus siar chomh maith le chéile.

Ba fairsinge an t-ór, a deireadh sé, in áiteanna ná an t-airgead agus sin é a d'fhág gurbh í an fhíor-chaolchuid de cheachtar acu a bhí ann. Ní raibh saothrú dá laghad ná fáltas ó Mhac Dé le fáil ach ó dhubh go dubh ag fuirseadh agus ag rómhar idir chladach agus gharraí agus gan dá bharr ach obair agus rómhar agus an cartadh céanna bliain i ndiaidh bliana. Is ar an gcladach agus ar an ngarraí a bhídís ag brath le plaic a chur ina mbéal. Bhíodh na gabháltais bheaga ar fad a bhí acu idir chreag, scailp agus chnocán iontaithe ar fad acu agus dath dubh acu orthu idir fhataí, choirce agus bheatha beithíoch. Ní bhíodh fágtha ach corrghiodán anseo agus ansiúd ar fud na mbólaí le haghaidh féar tirim. Bhí an cnoc amach faighte ag an gcapall agus ag na ba bainne. Is ar an gcur fhataí is mó a bhíodh siad ag brath mar go mbíodh beagnach gach teach ins gach baile ag tógáil muca. Is í an mhuc an t-ainmhí is túisce a mbíodh cúpla punt le fáil uirthi mar, má fuair sí a dóthain le n-ithe, bhí sí le tiomáint chun an aonaigh in aois a ceithre mhí agus bhíodh ceann nó dhó ag chuile dhuine beagnach le cur amach faoi dhó nó trí sa mbliain.

De bharr an chruatain agus na tiarála agus gan aon tairbhe dá bharr, bhí an dream óg ag diúltú don anró agus bhí an imirce ag teacht ina tuile thréan isteach ina mullach agus á sciobadh léi i mbarr toinne siar go Meiriceá. Ní mórán acu a théadh go Sasana mar ba bheag nach raibh an scéal céanna acu ansin. Deireadh sé liom an áit a raibh an capall agus an carr go raibh seans ar chorrscilling acu.

Théadh siad ón áit seo síos go Gaillimh le cairt mhóna – aistir cheithre mhíle dhéag agus drochbhóthar ag an am sin – ar thrí scilleacha. Ach, mar a deirtí, cé go raibh seacht saothrú air, ba mhaith ann é. Bhí seans ar chorrscilling eile a fháil ó mhná a bhíodh tar éis im agus uibheacha a dhíol ar an margadh agus ar theastaigh bealach abhaile uathu nó b'fhéidir cúpla maingín a thabhairt abhaile dhóibh. Tríd is tríd, bhí an buntáiste sin ag an gcarraeir ar an té nach raibh an deis sin aige ach ní i ngan fhios dhó fhéin é.

Bhí an taobh thoir den tír, mar a deireadh an dream thiar (muid fhéin), an tAchréidh, maith go leor as mar, ar an gcéad dul síos, bhí an talamh go maith acu. Bhí an deis acu le treabhadh agus fuirseadh leis an gcapall agus an céachta agus, ar ndóigh, bhí a fhios acu pé ar bith céard a chuirfidís san earrach nach mbeadh a dhath stró orthu neart spailpíní a fháil ón taobh seo againne lena bhaint dhóibh sa bhfómhar. Sin mar a bhíodh an scéal idir an taobh seo agus an taobh thoir.

Théadh go leor de na leaids óga a bhí crománach láidir agus in ann lá oibre a dhéanamh ina rogha áit dá mbeadh an lá oibre le fáil acu, soir don Achréidh gach fómhar an t-am sin ar choróin sa tseachtain ag obair do na feilméaraí.

Rinne mo sheanathair téarmaí go leor soir ann ó thús an fhómhair go hearrach dár gcionn agus, mar a deireadh sé go minic, téarmaí nach ndéanfadh sé dearmad orthu. Mar a deir sé, bhí fios maith ag an bhfear thoir go raibh an fear thiar sáinnithe ceart cheal airgid agus bhí an deis aige fhéin chuige sin le leagan air agus deatach a bhaint as.

Bhí mo sheanathair agus comrádaí leis fostaithe i mbaile beag uair a dtugaidís an Chlúid air ag gíománach teann, dána, dúr, drochmhúinte go mba deacair do spailpín ar bith a chinntiú cé ba ghainne a bhí sé i bpearsanacht ná i gcuntanós. De réir a chur síos air agus an ghruaim a bhíodh air i dtólamh, déarfá leat fhéin gur fear é nach bhfaca Dia ná duine aoibh an gháire ar a aghaidh ariamh. Bhí Gaeilge mhaith aige, a deir sé, ach gur uair annamh a labhraíodh sé Gaeilge ná Béarla mara mbeadh ordú le tabhairt uaidh aige.

Bhí fairsinge mhaith go leor sa teach ach nuair a bhí a chonlán fhéin faighte ag duine is beithíoch, is é an lochta a bhí sé a fhágáil ag fear Chois Fharraige agus a chomrádaí. '*Up loft*,' a deireadh seanchrupach caillí leo nuair a bhíodh sé in am codlata. An rud céanna, a deir sé, a deireadh Máirtín Ceannaí leis an gcat nuair a d'airíodh sé francach ag cur dhe agus ag creimeadh ar an lochta.

Théidís de léim ar chomhra agus as sin de léim ar an lochta agus bhídís ag tóraíocht na leapa sa dorchadas nó, mar a thugadh sé ar an sórt leapan a bhíodh ann, 'cineál na ndreancaidí'. Ní bhíodh siad ag codladh néal ag dreancaidí ó oíche go maidin ach ag scríobadh agus ag tochas. Bhí siad chomh fairsing sin ann go n-aireofá ag bualadh faoi chéile iad, a deir sé, agus iad ag rith i ndiaidh a chéile. Is minic, a deir sé, a d'aireofá ag titim thíos fút ar urlár na cisteanaí iad nuair a chaithidís léim síos den lochta dá mbeadh oíche chiúin ann.

Tuí agus seanmhálaí a bhíodh mar ábhach codlata acu ag déanamh a bhfolach bíog leis na dreancaidí ó oíche go maidin, agus an rud is mó a mbídís ag déanamh iontais dhe cén fáth nach dtitfeadh an codladh orthu (ar na dreancaidí) am eicínt i rith na hoíche, nó an sa lá a thitfeadh an néal orthu?

Fear mar mo sheanathair a chleacht a dhóthain bairneach agus beatha cladaigh agus corrghríscín feola ó am go ham, dá dhonacht dá raibh rudaí agus cúrsaí san áit a d'fhág sé, cheap sé go raibh an bheatha go huafásach le cur faoi chloigeann muice gan bacadh le fear oibre. Scaimhíní nó sceallóga a bhí scuchta de na fataí agus nach raibh níochán ná glanadh orthu an chéad phroinn agus an dara agus an tríú proinn a chaith siad, ach ar maidin an ceathrú lae dá ndeachaigh siad amach sa bpáirc ag baint fhataí, thug mo sheanathair ordú dá chomrádaí gach fata dá gcaithfeadh sé amach buille den láí a thabhairt dhó agus dhá leith a dhéanamh dhe.

'Ó, a dheabhail, a Labhráis,' a deir mo dhuine, 'sin rud a tharraingeos gleo ach a dtiocfaidh an fear mór amach.'

'Deabhal ar mhiste liomsa sa deabhal é!' a deir mo sheanathair. 'Ach sin é mo mhargadh leat agus tá súil agam nach ligfidh tú síos mé. Is dona an dá bhuachaill óga muid nó bainfidh muid ceart de thútacháin Bhaile na Clúide.' Is é an nós a bhíodh taobh thoir an uair sin, a deireadh sé, ná an spailpín a chur ina shuí roimh scairt an choiligh agus sort greim cosamair eicínt a chaitheamh chuige agus é a ruaigeadh chun na páirce amach i ndorchadas na mochóireachta, agus nuair a bhíodh an spailpín ruaigthe amach, théadh an chrupach agus an t-uascán chun suaimhnis aríst nó go ngealfadh lá.

Is minic a deir sé, a bhídís amuigh ó dheireadh oíche go mórmhór aimsir ghealaí. Ar aon nós, thosaigh an bheirt ag caitheamh amach fhataí agus á scoilteadh ar nós an deabhail. Ní baileach go raibh a fhios cén chreach a bhí déanta acu nó gur gheal an lá agus gur scaip an dorchadas leis ina bhealach fhéin. Is ansin a bhí an pictiúir os a gcomhair amach a chuir gliondar croí ar mo sheanathair agus uafás ar an bhfear eile.

'*By dad*,' a deir mo sheanathair, 'mara raibh le fáil againn ach sceanach agus scaimhíní le trí lá, beidh stéigeacha breátha le fáil anocht againn. Céard a déarfá, a Tam?'

'Níl mé ag rá tada, a Labhráis,' a deir Tam, 'ach imeoidh an breilleachán mór as a chranna cumhachta le oibriú agus drochmhúineadh. Caillfidh sé an cloigeann cinnte.'

'Bhuel, a Tam, tá dhá bhealach anois ar a laghad aige leis an gcloigeann a chailleadh ach ní bhfaighidh sé leigheas ach ar aon bhealach amháin acu: é a chailleadh le buille den láí, nó imeacht craiceáilte; agus má imíonn sé craiceáilte, beidh sé i mBéal Átha na Sluaighe roimh an tráthnóna má tá aon mhaith ina choisí leis.'

Leis sin, cé a bheadh ag teacht ach an bocailéaró agus sceimheal a hata leagtha ar a dhá chluais aige. Bhí máilín beag aige a raibh glaicín scaimhíní ann agus buidéal cáirt de bhláthach ghéar agus féach, a dhuine, go mb'olc an phosóid é i lár páirce maidin sheaca i bhfad ó do thinteán agus ó do theallach fhéin. Nuair a tháinig sé chomh fada leo, chloisfeá leathmhíle ó bhaile é ag osnaíl le drochmhúineadh ach focal níor tháinig amach as a bhéal ach an oiread leis na fataí a bhí sceanta ar an iomaire.

'Coinnigh buailte iad, a Tam,' a deir mo sheanathair, 'ach ná scean róbheag iad. Gearr an fata mór díreach.'

Sin an uair a labhair an breilleachán mór. 'Céard atá ar siúl agat, a Labhráis chontráilte Chois Fharraige,' a deir sé, 'nó an bhfuil tú ag ceapadh gur thiar i bprochóga beaga Chonamara atá sibh?'

'Ní hea, faraor!' a deir mo sheanathair, 'a chráiteacháin chaca de chnuastóir gan mhaith agus a ghortacháin bhradaigh chiotaigh Bhaile na Clúide', agus thug sé léim suas glan san aer.

'Cheap mé ar dtús,' a deir an fear thoir, 'gur de bharr an

mhaidin a bheith dorcha a tharla an obair seo, ach feicim anois gur in aon turas atá an sceanadh seo ar bun, nó cén fáth? Níl mise ag dul ag cur suas leis níos faide.'

'Bhuel, a chac mhóir bhradaigh na ngabáistí,' a deir mo sheanathair, 'níl beann an deabhail agam ag an bpointe seo ar aon bhleadrachán i mBaile na Clúide tar éis nach bhfuair mé mo leathdhóthain le n-ithe uait le trí lá, agus dá bhfaighinn nó gar dhó, cuir an bhagairt chéanna ar aon fhear as seo go hInis Díomáin. Níl fuacht ná faitíos ormsa é a rá nó dá mbeifeá chomh mór le Cnoc Chathail Óig! Níor thug tú le n-ithe dhúinn ach scaimhíní agus fuílleach na lái ó tháinig muid anseo agat – rud nach dtabharfadh mo mhuintir sa mbaile do chraimpín muice. Níl níochán ná glanadh orthu agus iad fuar dallraithe, agus an ganntan dhíobh sin fhéin.

'Tháinig muid chugat le obair chneasta a dhéanamh agus sin é a rinne muid ar deich bpingine sa lá ó dhubh go dubh. Obair chneasta í seo atá déanta againn anois freisin mar ó tharla nach bhfuil le fáil againn ach sceallóga, tá sé chomh maith dhúinn sceallóga ar fónamh a bheith againn as seo amach!'

'Ó,' a deir an bodach mór, 'ní agamsa atá neart air. Is í bean an tí atá ag plé leis na béilí.'

'Ó, muise, an chrupach bhrocach!' a deir mo sheanathair, 'ní chuirfí ag réiteach béilí na gcearc a leithide thiar againne mar nach bhfuil inti ach fíorchonús agus mara bhfuil feabhas ar rudaí ar an bpointe, tá muid ag bualadh bóthair Dé Domhnaigh.'

Níor oscail sé a bhéal ach casadh ar a chois agus a dhul i dtreo an tí agus ba ghearr gur tháinig sé amach aríst agus staic bhreá de cháca min chruithneachta aige agus canna breá leamhnachta agus cheithre chrúibín muice. D'ith siad a ndóthain den chéad uair ó tháinig siad aniar. Fuair siad sásar eile in am dinnéir agus stiall bhreá de leiceann muice leis.

Ón lá sin go dtí an lá ar chríochnaigh siad ag mo dhuine

fuair siad a ndóthain le n-ithe agus le n-ól de réir mar a bhí ar fud an tí.

Nuair a chruinnigh na spailpíní le chéile taobh amuigh den séipéal Dé Domhnaigh, b'in é an scéal mór a bhí á chíoradh acu, agus uaidh sin amach bhí na spailpíní ag éileamh a gcearta agus, de réir a chéile, d'éirigh leo. Níl aon lá ó shin nach gcloisfidh tú daoine ó Bhaile na Clúide ag caint ar Labhrás Mór Chois Fharraige.

Máire Óinseach na Creige

Ní raibh de chúram an tsaoil ar Mháire Óinseach na Creige, mar a tugtaí uirthi, ach aon mhac amháin ar a dtugtaí Micilín Sceideach. Déarfá leat fhéin agus thú i dtiúin chomhrá le Máire go raibh barraíocht den óinsiúlacht ag dul di nó ag baint léi, mar go minic agus thú i lár an chomhrá go bpléascfadh sí amach in arraingeacha ag gáire agus, ar ndóigh, ní inniu ná inné a dúradh gurb é cosúlacht na hóinsí a bheith ag gáirí i gcónaí, bíodh sin fíor, áibhéileach nó bréagach.

Aisti fhéin, ina cadhan aonraic i ngleann iargúlta sléibhe, a bhí cónaí ar Mháire ó fuair a tuismitheoirí bás agus gan ach na hocht mbliana déag ar inn ar éigean slánaithe aici. Bhíodh a seacht sáith le déanamh aici ag tuairteáil agus ag tiaráil le anachain agus cruatan an tsaoil ag an am agus, mar a deir an ceann eile, thíos seal agus thuas seal agus scaití idir eatarthu. Deirtear gur tragóid súil ribe nó ruainneach ba tuar báis dá hathair, go mba slán gach áit dá gcluintear é agus go mba saolach agus áiméan. Ní maith an rud sagart gan cléireach. Mí ina dhiaidh sin bhí timpiste caochphoill mar thuar báis ag a máthair, ar dheis Dé go rabhadar agus na mairbh ar fad, olc agus maith, coimhthíoch agus muinteartha. Sách suarach a deir an Ceannaí Mór nuair a mhúin sé sa gcliabh a bhí ag an doras dúnta nuair a chonaic sé an scaird ar fud an urláir ar maidin. Ach, go bhfóire Dia orainn, bíonn gach uige mar a hábhar agus más ciméar, óinsiúlacht nó saochan a bhí ar Mháire bhocht, cé a bheadh chomh cruachroíoch agus go ndéarfadh sé nach bhfuair sí a dóthain údair.

Mar a dúirt mé cheana, fágadh léi fhéin í ag tiaráil agus ag tuargaint le cruatan, crácamas, corraíl, agus le súgánchasadh an tsaoil in iargúil sléibhe agus gan an teach ba gaire di níos gaire ná míle bealaigh. Rud amháin cinnte: níor facthas teach sléibhe ariamh gan stoc, eallach agus solamar agus ní ba taise le Máire é, bhí sin aici: ba, caoirigh, gamhna agus laonta. Bhí trí ghabhar bainne aici agus plíoma de phocaide géaradharcach, cearca, lachain agus géabha ach, Dia Mór na gCumhachta dár réiteach, nár chrua cráite an saol é ag bruinneall óg ar bith iad sin ar fad a riaradh agus a choinneáil i dtoll a chéile ar thamhnach nó i ngleann sléibhe ina cadhan aonraic. Cé go raibh Máire roighin láidir agus í tógtha leis an obair sclábhánta seo go huile agus go hiomlán, théadh sé rite go maith léi caladh a stríocadh nuair a líontaí an seol, go mórmhór nuair a thagadh séasúr an mháiléid, mar a thugadh sí ar am na tuíodóireachta.

Ba ceird ar leith í an tuíodóireacht agus ní hé chuile ghobán a bhí in ann ag an stráca le binn. Bhí an chíor agus an baibín fhéin sách cleasach agus, m'anam 'on deabhal, go raibh sé ráite ag lucht cabaíola nár bhean í Máire a bheadh ag iarraidh an buntsop a fhágáil stoithneach. Ní raibh ceird ag imeacht ná i gcnáimh fir ná mná ariamh nach mbainfeadh Máire gairimint aisti ach an máiléad. Níor sheansáil sí an máiléad ariamh mar dá gclisfeadh an bannaí, nó an tsnáthaid a bheith caite go ciotach, bheadh an baol ann go ndéanfadh an braon a bhealach. San earrach go hiondúil a déantaí an tuíodóireacht agus bhíodh an chíb agus an sailéanach bainte aici fhéin agus an biorú déanta sul má chuirfeadh sí scéala chuig fear an mháiléid lena bráicín a chlúdach. Ní ba túisce an buachaill in airde sa dréimire ná bhí Máire á dhalladh le cíb agus scoilb agus, mar a deir an ceann eile, fág aici.

Cladóir a bhí ó Mháire i gcónaí mar mháileadóir, mar

deireadh sí nár thiomáin an cladóir scolb le fána ariamh agus go raibh an buntsop in ann an braon a chaitheamh di gan tolgán. Mar sin di nó go raibh na giaráin ag maolú agus fiacail na fideoige ag fáil snoite aici agus í ag bordáil leis an dara coirnéal. Sea, bhí a fhios aici go raibh sí ag teannadh amach sna blianta agus an braon ag fuarú ina cuisle banúil a bhí lá den tsaol chomh lasánta lena leithide ar bith, ach d'imigh sin agus tháinig seo. Téann an teas, leánn sé oighear agus reothalach, sioc agus sneachta agus cuireann sé meallamáin mhóra ag tuargaint i ndiaidh a mullaigh le fána na gcnoc. Tagann borradh agus fás le teas agus taithneamh na gréine. Bíogann an beo agus coipeann sruth sna cuisleacha arís. Cuireann an seamaide agus an tráithnín a mullach aníos agus cé gur mall roighin uathu, tugann siad aghaidh dhúshlánach ar an saol mór agus iad ag fiafraí cá ndeachaigh an sneachta mór a bhí i mbliana ann. Crapann fuacht gan trua gan taise is cuma gur anoir aduaidh nó aniar aduaidh a thagann sé ach déanfaidh sé crupadh agus crapadh agus déanfaidh sé máistreacht ar an bhfilleadh agus ar an bhfeacadh. Gheobhadh sé urlámhas ar an abhainn agus ar an sruthlán, cuirfidh sé cosc agus lán stad le cuisle an tsrutháin agus is é an fíoruisce agus an fíoruisce amháin a thugann a dhúshlán gan beann an deabhail air.

Sin iad na smaointe a bhí ag dul trí intinn Mháire an oíche áirithe seo agus í ag baint corrshúmóg gháilleogach as muigín breá puins de shú an ghráinne eorna ar aghaidh greallach de thine mhóna agus smután giúise a bhí sáite isteach ina lár aici le farasbarr teasa a chur ar fud an bhráicín. Bhí cois ar chaon taobh den smután aici agus í á grátáil fhéin go sámhasach leis an teas mór a bhí ag teacht faoin ngrabaid, nuair a bhuail uaigneas í. Í fhéin a dúirt an chaint, nár lige Dia go gcuirfinnse bréag uirthi. Marach an tine agus teas an smutáin agus an blogaimín broghach agus an mapa tuí a bheith i dtaobh na séideoige aici, cén rath a bheadh uirthi an oíche fheannaideach seo a bhí ag cur sheaca go gaineamh rua? Bhí an t-uaigneas ag fáil treise uirthi agus bhain sí súmóg gháilleogach eile as an íocshláinte agus bhí an oiread forraigh air ag déanamh an bhrollaigh síos ina scóig agus go híochtar an ghliúraigh agus nach raibh de shamhail aige ach fuarlach ag dul thrí ghuiléad. Tháinig spriocht chaointe uirthi le tromualach an uaignis agus an éadóchais agus gan aici de chomhluadar an oíche nimhneach seo ach an cat a raibh a thóin dóite sa ngríosach le fuacht, le haois agus le haimsir agus suaitheantas léargasach súiche go fuaidreach ar fud a chonablaigh. Bhain sí súmóg eile as an sú súilíneach ach dá mhéid dá raibh dhe ag lonnú sa ngliúrach amplach úd is ea is mó a bhí an t-uaigneas, an duairceas agus an briseadh croí ag fáil níos treise agus níos teangmháilte.

D'éirigh an seanchat súilsreamach sioncaithe faoi dheireadh agus rinne sé tréaniarracht searradh a bhaint as a sheancholainn chnapach ach is amhlaidh a cuireadh ar leathmhaing é isteach sa ngríosach. Chuir sé scread nimhneach as nuair a theangmhaigh an deargadh leis a bhí deich n-uaire níos measa ná an deargadh tiaraí. D'éirigh sé aríst agus rinne sé tréaniarracht eile an cosamar luaith bhuí a bhí air a chaitheamh dhe ach an babhta seo thit sé ar a thóin. D'éirigh sé aríst agus baineadh treascairt as agus buaileadh a phus anuas faoi leic an teallaigh agus baineadh an dá chlárfhiacail agus fiacla na súl as. Shín sé uaidh amach an brionglán driobaill, nach raibh fanta tar éis an tsaoil ach an craiceann agus an chnámh, agus a bhí go scuabach tráth den tsaol, agus chuir sé scuaid bhréan mhílítheach uaidh siar – más soir nó siar a chuir sé í, braitheann sé cén taobh ar a raibh sé iontaithe. Rinne sé iarracht ar í a chlúdú leis an luaith ach theip air mar gur dódh é nuair a theangmhaigh a laipín feosaí leis an ngríosach athuair. Cluineadh scread nimneach eile, scread an bháis an babhta seo b'fhéidir. An raibh a chac deireanach déanta? Dúirt Máire go raibh mar gur tuairteáladh ar leataobh é os comhair a súl nó go ndearna sé spéice agus ní spéice gréine a bhí ann an babhta seo ach spéice teallaigh. 'Ochón,' a deir Máire, 'tá do phort seinnte agus ba é an feall é. Nach iomaí luch agus francach a chuir tú anuas den lochta agus a ndearna tú mionspruadar dhíobh ar leic an teallaigh, leic do bháis anois, agus cá bhfaighidh mé puisín a thógfas d'áit? Ochón, ní bhfaighidh go broinne an bhrátha ná go brách na breithe.' Rug sí ar an sórt driobaill a bhí as tóin an mharbháin cait agus chroch sí léi amach é nó gur chuir sí de chaitheamh cloch nirt siar san iothlainn é. '*Dead cat no good,*' a deir Máire agus isteach léi aríst.

D'airigh sí goimh agus nimh an tseaca ag dul go smior inti mar go raibh sí bogtha in allas ag teas an smutáin agus ag an mbraon crua. Líon sí suas scaird eile agus chaith sí siar é gan frapa gan taca. Chuir sí an bolta ar an doras agus chuir sí an maide éamainn ó ursain go hursain, chaith sí gabháil eile mhóna timpeall an smutáin a choinneodh an dé inti go maidin agus thug sí sráid na bpluideanna uirthi fhéin. Bhí sí bunsúgach go maith faoi seo, ní nach ionadh, agus í ag síor-rá léi fhéin píosaí ráiméiseacha cainte gan bun ná barr, tóin ná ceann, ina chineál sifil seaifil. Tá a fhios agat an rífeáil sin. Í fhéin a dúirt é agus nár lige Dia go gcuirfinn bréag uirthi. Chaith sí di na ciomacha, nó cuid acu ar aon chor, agus chroch sí ar an urlár iad. Tá a fhios agat. Tháinig an glaoch nádúrtha sin agus bhí fead le ligean. Chuir sí a lámh faoin leaba ar thóir an tsoithigh le fuascailt a fháil. Rinne sí iarracht ach iarracht chamstiúrach a bhí inti. Buaileadh an scaird thall faoi bhun na fuinneoige ar íochtar an bhalla agus bhain sí lán sluaiste den mhoirteál dhe leis an teannadh a bhí ag teacht léi, moladh go deo léi. Thosaigh Máire ag rachtaíl in arraingeacha ag gáire agus go raibh an deabhal ag na míoltóga beaga marar thosaigh sí ag cumadh stéibh d'amhrán fúithi fhéin mar seo:

'*Fair play* dhuit, a Mháire na Creige,
Ba díreach í do streall,
Ach dá n-aimseodh béal an bhuicéad léi,
Ní bheadh agatsa *four faults*;
Líonfadh tú an *worm* ceathrú míle uait
Ach í a bheith socraithe ar an aill,
Cé gur bhuail tú bun an bhalla léi
Barring bets and all.'

Isteach léi sa leaba sách támáilte. Shín sí siar ar a caoldromán, scar sí amach na sparabail, chuir sí an dá bhosóg ar a cliabhrach agus thosaigh sí ag méirínteacht agus ba ghearr go raibh suan ag teacht uirthi. Gheit sí go giongach agus lig sí osna thobann mar gur mhothaigh sí go raibh rud eicínt neamhghnách ag baint leis an suan seo, rud eicínt nár airigh sí á siocadh ariamh roimhe seo, nó má d'airigh is fada fiannach an lá ó shin é agus d'fhéadfadh sí dearmad a bheith déanta aici air. Suan sámhais a bhí ann cinnte mar a bheadh saighead, sá nó searc ón ngrá. Tháinig an cladóir isteach ina hintinn ar an toirt boise – b'in é fear an mháiléid nó an tuíodóir, an fear a leagfadh an baibín cíorach agus a shlíocfadh an stráca le binn agus an fear a bhí in ann an ladhráil chéatach a thabhairt don bhuntsop. D'iompaigh sí thart ar an taobh clé agus timpeall arís ar an taobh deas agus í ag cuacháil agus ag ruagántacht le lasair ghrá teaspaigh agus sámhais. Lig sí scread thobann agus chuir sí múta pluideanna go háiléar. Thosaigh sí ag tónacáil agus ag útamáil agus í ag ceapadh gurbh é fear an mháiléid a bhí ina hascaill aici ach is iomaí ceap nach bhfeileadh bróg agus b'in é a fhearacht aicise é, mar nuair a dhúisigh sí as an suan ciméarach úd bhí burla déanta den philiúr aici agus an leaba fúithi fhéin. Bhí an fuacht ag fáil urlámh uirthi mar go raibh na pluideanna ar an urlár agus an braon crua ag fuarú.

Amach léi as an leaba le go ndéanfadh sí fothromán eile

puins a théifeadh suas an seaninneall arís inti. An chéad choisméig a thug sí baineadh tuairt aisti, agus barr ar an deabhal marar bhuail sí bleaist ar an mbuicéidín agus más beag nó mór a bhí ann chuaigh sé i gcomhluadar na coda eile ag bun na fuinneoige. Rinne sí ar an gcisteanach agus í ag sméarthacht agus ag crúcáil an bhalla nó gur tháinig sí ar an teallach. Bhain sí corraí as an smután a bhí ina bhruachán Mhaitiú: caite go dtí an bun agus bunáite an bhun. Tháinig lasair chroíúil ar an méid a bhí fanta dhe agus lig solas na lasóige cead di an choinneal a fháil a bhí i scipéad na comhra agus las sí í. Bhioraigh sí suas an ghríosach agus chuir sí cúpla fód bruaiche ar a cúl. Chroch sí an citeal ar an lúb agus an lúb ar an gcroich agus chuir sí an lúbán sa tsúil nó sa bpoll ab fheiliúnaí. Ní túisce a thóin ar an splanc ná bhain teas na tine giúin cheolmhar as nó go raibh sé ina stealladh fiuchadh. Ní túisce a bhí ná fuair sí an buidéal agus an siúcra agus an muigín mór a raibh pictiúr de bhuachaill bó ar a thaobh, nó an buachaill báire mar a deireadh an Caolach, beannacht Dé lena anam agus le hanam na marbh. Réitigh sí taoscán agus d'aimsigh sí cáca bácúis a bhí bunáite chomh mór le rotha carr asail, agus stad ná staonadh ní dhearna sí ach ag alpadh agus ag placadh, ag súmógacht agus ag gáilleogacht nó go raibh breithiúnas báis tugtha aici ar an gcáca agus ar éadáil an bhuidéil agus rapar mór an charraera aniar thar a bráid.

Tháinig an máileadóir isteach ina hintinn arís agus thosaigh sí ag cur agus ag cúiteamh, ag rífeáil agus ag sifleáil, agus faoi dheireadh thiar thall chuir sí ceist uirthi fhéin agus, ar ndóigh, is í fhéin a chaithfeadh í a fhreagairt agus, ar ndóigh, is rud gan bhuíochas caitheachtáil. 'Anois,' a deir sí, agus í leathnaithe ag an meisce agus ag an drabhlás, más misneach bréige a bhí tagtha di nó an raibh faitíos uirthi go raibh sí ag teannadh le deireadh na preibe. 'Meas tú,' a deir sí, agus í ag ceartú di fhéin agus í ag breathnú ar an smután ag dul in éag agus ag meascadh le luaith bhuí na gríosaí, 'dá dteannfainn isteach leis an gcladóirín an chéad bhabhta eile a dtiocfaidh sé an bealach agus braon farasbairr den bhraon crua a ligean faoin mbeilt aige nach mb'fhéidir go mbuailfeadh ragús é? Nach mb'fhéidir nach bhfuair sé a sheans ariamh cheana ach oiread liom fhéin. Tá a fhios agam go bhfuil tarraingt bhacaíl ann, cois fhada agus cois ghearr. Tá a fhios agam go mbíonn gligíní ag tabhairt Trom agus Éadrom air dá bharr. Á, muise, ball séire orthu marab iad atá abartha. Ba chuma faoi tharraingt anois – nárbh fhearr chuile tharraingt ná an tarraingt fholamh?'

Siar léi aríst a chodladh agus í chomh basach le bardal ag bordáil anonn agus anall nó gur bhain sí an leaba amach arís t. Isteach léi arís t agus í galaithe go maith. Thosaigh sí ag cur an tsaoil trína chéile arís t ach ní chuirfeadh a ceann feadhna cladóirín an mháiléid as a cloigeann agus í ag crapadh agus ag síneadh gach re seal. Á, dá mbeadh sé ina haice an tráth seo nach mór a bhéarfadh sí air, agus má bhí corrdhuine ag glaoch Tóin Cham fhéin air nár bheag an bhrí ar aon nós – nárbh fhearr tóin cham fhéin ná gan tóin ar bith. Mar sin di ar feadh tamaill agus gan í ag déanamh foras ná suaimhneas agus í á húnfairt fhéin faoi na pluideanna agus bruth uirthi. Leis an mbruth thosaigh an t-allas ag teacht amach as gach áit dá corp agus ag silt leis, braonta agus múnóga gan stop. Thosaigh sí ar stéibh eile agus m'anam ag an deabhal gurbh í a bhí in ann:

'A thuíodóirín an chladaigh, an dtitfeá liomsa i ngrá?
Tá mé foirgthe le fada agat agus tá ciapadh orm dá bharr,
Ach dá luífeá siar sa leaba liom bheadh rudaí i bhfad níos fearr,
Mar nuair a shínfeadh tú an chois fhada chuimleoinn an chois ghearr.'

Bhí sé ina hórá digidí nuair a d'éirigh sí lá arna mháireach agus scoilteach chinn uirthi. D'fhadaigh sí greallach agus chroch sí an citeal agus ní i bhfad nó go raibh sé ag gleáradh fiuchadh. Bhain sí an corc as buidéal eile a bhí i dtaisce aici thíos i gcruinneog na bláthaí agus bhain sí stioncán as, agus marar theastaigh sé uaithi ní lá fós é. Chaith sí crúib tae síos ar an sáspan cáirt agus thug fíorscalladh dhó le scaird uisce fiuchta. Rug sí ar an tlú cleasach a bhí istigh sa gclúid, a raibh dath an airgid ar áit a láimhe agus áit an tairne mar a bheadh an smeach sa ríl, agus bhris sí splanc dhearg faoi thóin an tsáspain a chuirfeadh tarraingt faoin mblogam. Leag sí anuas muigín mór a dhéanfadh galún taosctha – ná bí ag caint ar phíopa Ainde Mhóir, ní raibh ann ach méaracán lena ais siúd. Fuair sí an ceaintín beag a mbíodh an bainne ann, an ceaintín a raibh an claibín air, amach as an drisiúr. Ní thógfadh sí seans ar aon chrúiscín mar go raibh an teach beo le luchain ó thosaigh an cat ag sleaiceáil agus, ar ndóigh, graith ins chuile áit acu. Fuair sí mias an ime, mias bhreá im baile a bhí go caiseal tar éis mhaistreadh an lae roimhe. Bhí an siúcra caite ar an haibín clúideach ón oíche roimhe.

An cáca anois agus bheadh sí réidh le tosaí ag smalcadh agus an gearradh gionach uirthi. Chuartaigh sí an drisiúr agus deabhal cáca a bhí ann, bhreathnaigh sí isteach sa gcófra agus deabhal boral a bhí ann. Níor fhág sí foithinín den teach gan cuartú, ag súil chuile nóiméad le theacht ar an gcáca ach, mo léan, ba é súil Uí Dhubhda le Ard an Rí aici é. Faoi dheireadh agus faoi dheoidh chuimhnigh sí go raibh an cáca mór bácúis úd speataithe aici ón oíche roimhe sin. 'Dona go leor, a tháilliúir, ó chaill tú do mhéaracán', a deir sí. Faoi dheireadh chuimhnigh sí go raibh smut de cháca na Nollag fanta agus é curtha i dtaisce faoi bhéal buicéid ag an doras nach n-osclaítí ach uair sé nó seachráin agus liagán cloiche leagtha ar a thóin ar fhaitíos go n-iompófaí é le linn chóisir na bhfrancach. Ba mhaith ann é agus gan a mhalairt aici, agus bhí a shliocht air. Thug sí faoi na físeacha dhó é. Scaird sí an bainne amach sa muigín agus chuir sí miosúr boise de shiúcra ann. Síos léi i gcoinne an tsáspain agus ag an deabhal go raibh na míoltóga mara raibh sé súite agus gan striog ar a thóin. 'Á, muise,' a deir sí, 'tubaiste mo ghabhail agus anachain mo sheanhata ar an ól céanna gan dochar gan díobháil agus nár chuma liom faoi marach mo chrúib bhreá tae.'

Bhí cearca, géabha, laonta beaga ag tabhairt ba bodhra as coillte ó thug siad solas an lae faoi deara trí shiúntaí an dorais agus na beithígh bhainne ag cur na ndeabhail den chruach ag faire ar changailtín. 'Mo dhiomua dhaoibh,' a deir Máire, 'nach ndúnann. Bheadh ciall maidin nó dhó ach chuile mhaidin go deo!' Bhain Máire an bolta den doras agus tharraing sí an maide éamainn a bhí mar thaca. Bhí brat geal sneachta ar an tsráid agus ar feadh a hamhairc bhí an réimse fada sléibhe os comhair a súl faoi aon bhraillín ghléigeal amháin. Bhuail tocht agus drogall í nuair a smaoinigh sí ar an mbuinín féir a bhí san iothlainn nach dtarraingneodh an pionsúr fhéin.

Chuir sí corrmhéir na ciotóige ina polláire, ladhráil sí an stoithin leis an deasóg agus chuir sí osna thruamhéalach aisti. Sin é an uair ar luigh sé isteach ceart: gur teach suarach é teach gan fear; sórt leithscéal ar bith nárbh fhearr é ná gan tada. Dá mbeadh cuma ar bith air nach ndéanfadh sé an tsiobáil agus nach mb'fhéidir dá mbeadh an t-ádh uirthi, agus tuiscint bheag a bheith ann, go mbeadh seans ar bhlogam aici ar an leaba maidin gháifeach mar an mhaidin seo. Nuair a bhí blogam ólta agus smailc ite ag Máire, ar aghaidh léi agus rinne sí a cuid siobála. Seachtain a bhain an sneachta amach agus níor bheag sin do Mháire mar gurbh iomaí sin guairdeall agus seársáil a bhí déanta aici isteach agus amach, ag tarraingt agus ag tarlú agus í dallraithe préachta ag goimh nimhneach na huaire móire. Ina suí amach ar aghaidh greallach mhór de thine mhóna a bhí sí agus í réidh le dhul chun suain agus í bunsúgach go maith nuair a thosaigh sí ag cumadh amhrán eile agus á chanadh go barr bachall ach is ar an mBéarla a chuaigh sí an babhta seo:

'Winter is coming and summer is gone,
Two in the bed is better than one.'

'Beidh a shliocht orm,' a deir sí. 'Is gearr go rachaidh scéala chuig tuíodóirín an chladaigh, muise, agus ós bliain bhisigh a bheas againn beidh cead cainte ag na mná i mbliana síos nó suas. Tá mé luath láidir go fóill, gan ribe liath i mo stoithin, agus cé nach féidir liom aon ghaisce a dhéanamh as bláth na hóige, tá an bláth ansin fós gan piotal a chailleadh agus an tseoid gan drannadh léi.'

Faoi Fhéile Bríde a chuir Máire fios ar an tuíodóir, nuair a bhí an aimsir ag ársú agus síneadh ag teacht ar an lá, an dúlra agus an nádúr ag goineadh agus ag biorú, an braon ag rith go lasánta trí na cuisleacha a bhí réchalcaithe ag feannaid agus dúluachair an gheimhridh. Maidin Luain a bhí ann agus lasadh deas soilseach ón ngréin cé nach raibh mórán teasa uaithi agus Máire ina seasamh i gcró an asail, an áit arbh iondúil léi a dhul go minic ar an gcruóg. Pé ar bith stracfhéachaint a thug sí amach tríd an bpoll a bhí ag cur cúram fuinneoige air fhéin mara bhfaca sí an cladóirín chuici aníos an chnoic, a mhaingín ar a dhroim aige agus a mháiléad ina ghlaic agus é ag ísliú agus ag ardú gach re seal mar gheall ar an gcois fhada agus an chois ghearr. Bhioraigh sí, ghiong sí agus dhírigh sí nó go raibh sí chomh díreach agus go dtabharfá brí an leabhair gur gró a bhí sloigthe aici. Amach léi as bráca an asail agus tháinig sí fhéin agus an cladóir i gcionn a chéile ag binn an tí. Fáiltíodh agus craitheadh lámha agus deabhal mórán nach raibh sí ina láimh in íochtar agus ina láimh in uachtar go barrógach agus go pógánta marach gur ghoin a haire Máire agus gur smaoinigh sí nár tharla sé sin di ariamh cheana. 'De réir a chéile a thógtar na caisleáin,' a deir sí, agus tar éis fáisceadh millteanach a thabhairt dá láimh thionlaic sí chun an tí é.

Caitheadh an máilín, nó an maingín, a mbíodh giúirléidí ceardaíochta ag an tuíodóir ann, sa gcúinne, an máiléad ar an hob clúideach, agus réitigh Máire an tae agus, ar ndóigh, fuair sí leigheas an chúthaileadais agus cothú an mhisnigh bhréige agus ba ghearr go raibh sé ina ghiúin chomhrá agus ina rachtaíl ghealgháireach eatarthu.

'Nach fearr a dhul ag déanamh rud eicínt maitheasa,' a deir an tuíodóir faoi dheireadh. 'Tá an lá á chaitheamh agus gan an mhaith á dhéanamh.'

'Tá an lá cineál crua inniu,' a deir Máire, 'le dhul sa dréimire agus d'fhéadfá a dhul ag biorú más maith leat. Tá slám saileánaí sa gcró mór agam.'

'Maith go leor,' a deir an buachaill agus thug sé leis an lansa bioraithe as an maingín agus amach leis dhá choisméig agus léim ins chuile léim fhada aige nó gur bhain sé an cró amach. Shuigh sé síos i bhforacan cíbe agus thosaigh sé ag biorú agus sé a bhí i riocht. Bhí an braon gaibhte sa gcírín aige faoi seo agus ag déanamh ar an gcoiricín. Thosaigh sé ag rá amhrán nó ag iarraidh a bheith á rá:

> 'Agus óra, a Mháire Mhór, an dtiocfaidh tú chun an chladaigh liom?
> Agus óra, a Mháire, a stór, an dtiocfaidh tú ar an leaba liom?
> Marach an cor atá in mo thóin ba deabhlaí deas an feairín mé,
> Ach mo mhallacht don chois ghearr, is í fhágfas ins an traipis mé.'

Bhí Máire agus an galra céanna uirthi ina suí ar aghaidh na tine ar chríopar a bhí sa teach ó bhí an deabhal sna naíonáin.

Bhí sé ráite léi ag lucht na cabaíola nach raibh ag mo dhuine ach gabhar agus gé agus seo sin siúd, tá a fhios againn fhéin.

Dúirt seanbhean as Bearna agus í ag rachtaíl agus ag gáirí,
Nach bhfuil agat le spáint dhom ach gabhar agus seanghé.

Bíodh an deabhal ag sean*lady* Bhearna; nach iomaí fear nach bhfuil gabhar ná gé aige. Níor fágadh gabhar ariamh gan pocaide ná gé gan gandal ach cur chuige. Sin é. Má tá an tsláinte aige agus an ball súgartha a gheall Dia dhó, gan tolgán gan marach, is cuma faoin spré. Is beag spré a bhí ag Éabh le tabhairt i láthair Ádhaimh agus rinne siad graithe. '*Up* Seanamhach,' a deir sí, agus rug sí ar an mbuidéal agus amach léi go dtí an cró go dtí Trom agus Éadrom agus dhá mhuigín aici anuas den drisiúr. Bhí sé ansiúd roimpi, a mhiodach ina dheasóg agus an coillearán ina chiotóg agus é ag biorú ar a tháirim. 'Bail ó Dhia ort fhéin, a dhuine chóir,' a deir Máire, 'agus ball séire ar an obair, nach í a mharaigh muid, agus mar a deir an file uair amháin:

Dá mbeifeá ag rómhar go ceann leathbliana
Ní bheadh oiread agus luach *blade* agat.'

'Á, muise, ní hí an obair fhéin í, a mhuirnín,' a deir an tuíodóir, 'ach an t-uaigneas. Bás an mhúille, deir siad nach bás beannaithe é.'

'Nó bás an chait,' a dúirt Máire; 'ní hé is fearr sínte ar leac an teallaigh, do cholainn chnapach faoi bhlaghanna súiche agus b'fhéidir do thóin a bheith dóite sa tine. Seo,' a deir sí, 'beir air seo', ag síneadh chuige an bhuidéil agus an dá mhuigín. Fuair sí uchtóg mhaith cíbe agus chaith sí uaithi í i gcoirnéal an chró agus bhuail fúithi chomh scafánta le bruinneall a sé déag gan tolgán gan mhairg. 'Tar anall anseo agus buail fút sa gcíb seo,' a deir sí. 'Beidh sí breá bog faoin tóin agat seachas an mallaíodóir de sheanchliabh sin atá chomh crua le adharc pocaide agus deir siad nach í is fearr le fáil faoin leath deiridh.'

Theann sé an cliabh i leataobh agus thug sé truslóg agus amhóg nó go ndearna sé scraith sa gcíb le taobh Mháire agus a theanga bheag amuigh le dúil sa stioncán. Bhí pislíní go smig leis agus é á líochán agus ní raibh stró ar bith air an liobar teangan a bhí aige a leagan thíos ar an úll Ádhaimh nó í a chur isteach faoina shúile, moladh go deo leis agus lena liobar leadhbach. Chuaigh sé ar a leathghlúin ar dtús mar gheall ar an stumpa. Bhí sé ar forbhás ansin agus gan fios ar siar nó aniar a thitfeadh sé. Dá dtéadh sé i dtaobh chúl a chinn bhí an baol ann go scoiltfí faoin mballa stuacánach spiacánach é, agus dá dtéadh sé i ndiaidh a chinn roimhe bheadh baol ann go ngabhfadh cois an phíopa go dúdán ann agus go dtachtfaí é. Ar eagla na timpiste agus le cruachan in aghaidh na hanachana, chuir Máire an bhoiseog faoina chadairne, shín sí amach an stumpa dhó agus ní raibh aon chlóic air fhéin an sparabal eile a shíneadh. Bhíodar ar aon chíbearlach amháin, taobh le taobh, ach iad thart ar leath truslóige óna chéile ach, ar ndóigh, cár fhága tú naimhdeas ceardaíochta.

Cuireadh scalach sna muigíní agus hóladh braon agus thosaigh siad ar ghiúin chomhrá. Bhí siad ag cur an tsaoil trína chéile agus ag ól corrbhlogam ach cor, car ná cosúlacht níor chuir siad dhíobh ná deamhan orlach níos gaire a tháinig siad dá chéile.

'Tá sé cineál fuar,' a deir Máire.

'Tá an deabhal ar an ngaoth anoir,' a deir fear an mháiléid. 'Meas tú dá ndúnfadh muid an doras.'

'Beidh an áit an-dorcha,' a deir Máire, mar ó Dhia go raibh sé ag goilliúint uirthi.

'Is léir don dall a bhéal,' a deir an tuíodóir.

Bhrúigh Máire isteach ní ba gaire don bhuachaill ach,

cúthalach go leor, níor bhog mo dhuine agus níor dheid. Dhúbail Máire an cóta cabhlach isteach dúbailte fúithi agus chaith sí na spreangaidí trasna ar a chéile agus bhí sí ag tónacáil go deo nó gur thug sí an uillinn faoin mbeilt don tuíodóir. Bhuail sí cruas a pheilte agus bhain cnámh na huillinne preab as.

'*Sorry,*' a deir Máire agus chuimil a bosóg dá leiceann den chéad uair agus an chéad láichín ariamh a thug sí le grá croí d'fhear ar bith, agus nuair a d'airigh sí an tuíodóirín ag útamáil agus é buailte suas go maith leis an leathmhás aici, is beag nár stad a croí nuair a dúirt sé, 'Maith an cailín.'

'Braon eile,' a deir Máire agus í ag crúbáil sa dorchadas ag cuartú an bhuidéil.

'Fan go lasfaidh mé *match,*' a deir an buachaill, 'ar fhaitíos aon doirteadh.' Ní túisce an *match* lasta ná léim francach mór trasna an chóta cabhlach os cionn na grabaide ag Máire agus amach faoi íochtar an dorais. Chuir Máire scread aisti agus rug barróg ar a leathbhádóir. Líonadh streall eile. Bhíodar ag baint súmóg as go stuama ach, mar a deir an ceann eile, d'ardaigh an t-ól i stuaic na mbacach. Choinnigh Máire greim an fhir bháite ar an ngíománach agus í ag cur i gcéill do mo dhuine gurbh é scéin an bhainbh dhóite a bhí curtha ag an bhfrancach inti ach, ar ndóigh, mo léan dóch, tá a fhios agat.

'An bhfuil dinglis ionat?' a deir sí. 'Tá mise lán leis.'

'Fan as na seanascaillí ar chuma ar bith,' a deir an buachaill ach, ar ndóigh, bhí baol an deabhail uirthi go deimhin. Bhí an muigín folamh ag an mbuachaill ar chuma ar bith agus rinne sé iarracht lonnú ar a thaobh ach de bharr na súgaíola, an naimhdeas ceardaíochta agus éalang an stuacáin, thóg sé scaitheamh maith air agus, ball séire ar na dreancaidí, marar thug sé sáil agus crú na bróige ar chnámh na lorgan do Mháire ag teacht chun talún don spáig. Lig sí sian an bhainbh choillte agus thosaigh sí ag cuimilt an chneá.

'*Sorry,*' a deir an buachaill. 'Cár theangmhaigh sé leat?'

'Aníos ón rúitín díreach ar chnámh mo lorgan.'

'Anseo, ab ea?' a deir sé agus chuaigh sé fhéin ag cuimilt.

'Síos tuilleadh,' a deir sí ag breith ar a láimh agus á leagan díreach ar an áit a bhfuair sí an tsáil.

'Tabharfaidh mé póigín don lot,' a deir sé, 'agus beidh tú go maith sul má phósfas tú.'

'Á, ná bac, a ghrá,' a deir Máire agus gan í cinnte ar ag brionglóidí, ag rámhaillí nó ag ciméaracht a bhí sí agus bualadh croí uirthi tar éis a céad teangmháil le fear nó sórt fir, nach fearr an té a chum ná an té a cháin agus, ar ndóigh, ní maith an tsamhail a théas i bhfad. Póigín don lot agus pósadh – sin é a bhí ag crochadh an *chanopy* ar fad uirthi agus ag ardú blaoisce chomh maith. Ní raibh dor ná dar aisti ach í ag cuimhneamh uirthi fhéin, nuair a dúirt an buachaill léi a bheith ag caint nó go dtitfeadh siad ina gcodladh. Bhí sé ar a thaobh faoi seo agus an chos ghearr páirceáilte os cionn na coise faide aige agus thob ann agus thob as aige an chamóg a chaitheamh anonn trasna ar bhrollach Mháire ach ba ceist mhaith céard a tharlódh. Dheasaigh Máire leis níos fearr agus d'iarr sí póg air agus, ar ndóigh, dá mbeadh solas ann go raibh sí lasta go cluais le cúthaileadas. Is é an ceann céanna nár choinnigh aon mhoill uirthi, ach de bharr na místuaime agus easpa taithí marar sháigh sé speic a chaipín siar ina béal agus é á cuartú sa dorchadas. Bhí '*Sorry*' eile ar mo dhuine an uair sin, ach nuair a d'iompaigh Máire siar an caipín air bhí sé ina Bhroimín Stadhan. Chuir sé a lámh chreagánach, chrupánach, chnapach ar a brollach corrach lán agus bhí sé idir a bheith ina dhinglis agus ina ghortú eatarthu, mar nach raibh aon chaint ná trácht ar ghad brollaigh ag an am, agus maidir le fáisceáin ní raibh i dtásc ná i dtuairisc, i dtalamh ná i dtrá.

Ach ní hé sin le rá nach raibh an chaoithiúlacht agus an stuaim agus an phointeáilteacht ag baint le Máire na Creige dá n-éagmais. Bhí an cóta cóirithe cabhlach uirthi go colpaí, blúmair an mháilín ceaileacó mine, 'an meanmna croí,' nó *Heart's Delight*. Ní raibh pocáidí an 'fhéinéiritheach' nó an *self-raising* tagtha ar an margadh fós agus d'fhág sin ceaileacó ina farrabachall. Bhíodh stocaí troma bainne ramhair sleamhain agus iontaithe go glúine uirthi agus strapaí thart ar na hioscaidí. Bhí an dínit agus an uaisleacht caomhnaithe, coinnithe, cumhdaithe agus clúdaithe go measúil aici. Ní ba tóin le talamh a bhí inti leis an gceart ach b'fhéidir go dtiocfadh an lá fós go mbeadh dhá chois ar talamh, cheithre chois ar thalamh, ceann le tóin agus tóin le talamh dá dtiocfadh sé sa saol go deo go mbeadh an gabhairín le bleán. Is maith an scéalaí í an aimsir.

Bhí cíb le cruinniú, scoilb le bailiú, cuardach ar an miodach, an maingín ar iarraidh, imeacht gan tuairisc ar an bhfrancach ribeach nuair a d'éirigh an cúpla. Ní raibh a fhios acu ar oscailte nó dúnta, ar bocáin nó ar insí a bhí an doras, bhíodar chomh bogtha sin ach nár chuma ó bhí an socrú agus an margadh réidh, déanta. Bhí an pósadh le bheith ann cinnte agus Tónaí Casaidí réidh le slán agus beannacht a fhágáil ag Bun an tSrutha agus aghaidh caol díreach, trom agus éadrom, ag ísliú agus ag ardú a thabhairt ar ghleann Bhun an Imleacáin agus ceangal na gcúig gcaol air go daor ach go sochrach. Bhí súil aige agus feicfidh sibh amach anseo nach í súil Uí Dhubhda le Ard an Rí a bhí inti ach an oiread.

Micilín Sceideach

Lá Fhéile Pádraig a bhí ann go díreach an lá ar phós Tónaí Casaidí as Briota na Caillí agus Máire Óinseach na Creige as Bun an Imleacáin i séipéal Mhachairt an Bhundúin. Níl mé cinnte ná dearfach cén bhliain a bhí inti ach go gcloisfinn iad á rá agus mé in aois chluas le héisteacht gur míle ocht gcéad agus rud eicínt a bhí ann. Bhí sé scaitheamh tar éis an Ghorta Mhóir ar aon nós agus b'fhéidir nárbh aon dochar é ach an oiread mar nárbh aon ribín réidh an pósadh ná an chéipreáil a leanann é a tharraingt faoi do mhullach ar ghliúrach stéigthe stiúgtha nó, mar a deir an ceann eile, ar mhéadail fholamh.

Lá crua fuar a bhí ann agus Máire ag fágáil ghleann Bhun an Imleacáin le giolcadh na fuiseoige, ach nuair a bhí fothramán den bhuachaill crua ligthe le fána aici, níor mhór é a beann air. B'éigean di an cóta cabhlach a choinneáil craptha an chuid is mó den bhealach mar bhí píosa fada sléibhe le cur di aici nó go mbeadh sí ar thalamh tirim, mar dá dtagadh sí isteach sa séipéal agus íochtar a cóta fliuch cá bhfios cén deisiú a chuirfeadh lucht na caidéise uirthi. Nuair a tháinig sí chomh fada leis an séipéal bhí roinnt den chóisir agus den chuideachta bailithe ann roimpi. Bhí Tónaí ag binn an tséipéil, a chaipín ar feirc air agus is beag nach ndéarfá mara mbeifeá sách gar dhó gurb í a chluas a bhí á choinneáil suas. Bhí leathshúil caochta aige ag breathnú i dtreo Bhun an Imleacáin agus a shrón in aghaidh na gaoithe aduaidh aige agus, i gcead don chomhluadar, í ag silt agus uafás air nach dtiocfadh Máire.

D'fhiafraigh an sagart mór de Tónaí an raibh údar ar bith aige go raibh sé ag dul ag pósadh Mháire. 'Tá, a mh'anam,' a deir mo dhuine, 'agus seacht n-údar, ach m'anam nach gcloisfidh tusa é mar gur beag atá a fhios agat fúthu.'

Cuireadh an cheist chéanna ar Mháire agus is í nach raibh i bhfad á freagairt. 'Tá mé ag ceapadh,' a deir Máire, 'mara bhfuil sé síos ná suas ann go mb'fhéidir go mbeadh sé anonn agus anall ann mar ní *left-hand drive* ná *second-hand* é ceachtar againn – sin agat anois é marar tú atá fiosrach.'

'Ní hin é atá i gceist agam ar chor ar bith,' a deir an sagart ach –'

'Ach ag an deabhal ort,' a deir Máire. 'B'fhéidir nach ndúnfá fhéin do shúil ar bhruithneog, a scólacháin. Seo,' a deir Máire, 'buail *raddle* air sin agus scaoil bóthar linn.' Chuaigh siad ar aghaidh leis an aifreann agus leis an bpósadh agus deabhal mórán thar chluais bhodhar a bhí Máire a thabhairt dhó mar gur uair sé nó seachráin a bhíodh sí ag aon aifreann, agus cé a thabharfadh milleán di mara mbíodh droch-leasmháthair ann agus an t-aistreán fada a bhí uirthi.

'Beidh sibh dílis dá chéile nó go scarfaidh an bás sibh', ach ar ndóigh ní raibh aon chaint ar aon scaradh an t-am sin ach ar scaradh an bháis, nó má bhí ba duine sé nó seachráin é. Ní bheadh a fhios ag an sagart fhéin an uair aon cheo faoin scaradh agus diabal mórán fear ba foghlamtha ná sagart ag an am mara mbeadh corrmhúinteoir ann nó corrscaibhaitéara a bhí tar éis tamall a chaitheamh ag scoil pheata gan múineadh nó ag scoil scairte. Ní raibh focal ó dhuine ná daonna faoi cholscaradh, agus díleá air, mar an scaradh céanna, nach bhfuil mionsprúanaí, círéibeacha agus cis ar easair déanta den tsaol aige.

Tháinig siad chomh fada le cleas an fháinne agus mara raibh sé cleasach ní lá go maidin é. Bhí alt an fháinne cineál mór go maith ag Máire; bhí sé deacair aige a bhealach a dhéanamh mar bhí sé coinnithe ag bun an ailt. 'Brúigh isteach é,' a deir an sagart, 'agus ná bí ag mútaráil níos faide.'

'Brúigh thú fhéin isteach é, mar sin,' a deir Tónaí ag síneadh an fháinne i dtreo an tsagairt.

'Tusa atá ag pósadh,' a deir an sagart, 'agus ní mise'.

'Nach breá an scéal atá agat,' a deir Tónaí.

'Tá plean agamsa,' a deir seanleaid a bhí síos tamall sa séipéal. 'Cuimil do theanga dhe taobh istigh agus sleamhnóidh sé isteach.'

'*Fair play* dhuit,' a deir Tónaí ach pé ar bith cén sórt sliobaraíl nó mútaráil a bhí air marar thit an fáinne uaidh agus suas an t-urlár leis ag rabhláil. Chuir Tónaí bladhair os ard a chinn as agus d'fhógair sé seasamh roimh an bhfáinne, mar nach raibh an choisíocht aige fhéin mar gheall ar an marach.

Críochnaíodh suas an obair faoi dheireadh. Fuair an sagart a raibh ag dul dhó fhéin agus ghuigh sé gach rath ar an gcúpla nó ar an lánúin nuaphósta. Ba lá mór é i saol Tónaí agus nach é a bhí go gealgháireach ag fágáil slán ag duirling agus cladach ag tabhairt aghaidh ar ghleann Bhun an Imleacáin agus *permit* na mbleaisteanna faighte aige faoi dheireadh thiar thall. Ní gá a rá go raibh fíorbhainis go deo acu agus ní raibh diomuachas ar fhear ná ar bhean ag fágáil maidin lá arna mháireach. Mar a deir an t-amhrán:

Bhí cócairí breá faiseanta ann,
A thug an *sway* ó chladach leo,
A réiteodh bia don tsagart
I mBun an Imleacáin.

Shocraigh an cúpla síos i mbun an tsaoil go ceanúil grámhar ag caitheamh an tsaoil agus an saol á gcaitheamh thuas seal agus thíos seal. Ní raibh ganntan ar bith orthu mar bhí airgead an bhaiste, an chéad chomaoineach agus an mháiléid ag Tónaí.

Bhíodar dhá bhliain pósta agus ar bhealach bhí siad ag fáil cineál míshásta nuair nár casadh aon chúram diúil orthu cé nach cheal a shaothraithe a bhí orthu – iad fhéin a bhíodh á rá! Deireadh Máire trí Shé do Bheatha Mhuire chuig Naomh Maitiú chuile oíche agus deireadh Tónaí deichniúr chuig Naomh Micheál, agus pé ar bith cé hé Maitiú nó Micheál a ghlac trua dhóibh faoi dheireadh, d'éirigh leo toradh na hachainí a fháil. Bhí go leor a deireadh nach raibh lámh ná cos acu ann, mar gurbh é craitheadh an tsacáin a bhí ann.

Nuair a casadh Máire torrach agus iad cinnte go maith dhóibh fhéin an babhta seo shuigh siad síos agus hóladh sláinte an ghaisce mhóir cois teallaigh. Leagadh amach clár agus chaithfí cloí le rialacha. Bheadh Tónaí sásta an tiaráil, an tuairteáil agus an tsiobáil ar fad a dhéanamh ach nár chuma: nach mbeadh cúnamh agus cuideachta i mBun an Imleacáin lá is faide anonn ná an lá sin, 'míle buíochas le Naomh Micheál nó le Naomh Maitiú, agus liom fhéin', a deireadh sé agus é ag caint leis fhéin – ní caint ar bith ar Dhia ná ar Mhuire tar éis gur deich Sé do Bheatha Mhuire, Ár nAthair agus Glóir don Athair a bhíodh sé a chur go barr bachall. Chaitheadh Máire seal a chaitheamh ar a suaimhneas sa leaba tar éis an dinnéir chuile lá agus sníomh agus stangadh a sheachaint go huile agus go hiomlán nó go mbeadh an luí chuige thart ar áinéar na timpiste agus na tubaiste.

Bhí sé chomh deacair a theacht ar fhéilire ag an am sin agus a bhí sé a theacht ar chompás aimsir Mharcó Póló nuair a bhí sé ag iarraidh Oileáin na Spíosraí a bhaint amach. Dá mbeadh féilirí an domhain mhóir acu, cé a bheadh le meabhair a bhaint astu? Mar sin b'éigean cuimhneamh ar sheift eicínt eile, agus fág ag Tónaí mar is é nach raibh i bhfad ag priondáil féilire, agus féilire a dtabharfá féilire na linne sin air. Bhí croca mór acu ó bhí an bhainis acu a raibh *jam* dearg ann ach a mbíodh sceana agus spúnóga coinnithe i dtoll a chéile ann anois ar chuntar an drisiúir agus é fíoráisiúil faoi choinne na hócáide ach a raibh gnó níos áisiúla ag feitheamh leis i gcomhair féilire toirtíneach do Mháire. D'fholmhaigh Tónaí an croca agus níl aon lá dá dtéadh thart nach gcaithfeadh sé cloch bheag nó méaróigín síos ann in aghaidh an lae. Bhí eolaí Bhun an Imleacáin mar theideal aige agus é ag dul dhó gan mhairg gan bhréig. Ba é an feall nár éirigh leis scolaíocht a fháil agus téarma coláiste eolaíochta eicínt.

Bhain botún beag do Tónaí. Nár bhain botún don Ghobán Saor agus ba mhór é a cháil nuair a thóg sé bothán gan poll deataigh ach ní dóigh an Cháisc ar an Domhnach marar tharraing sé deatach ná gur tharraing sé caint. Séard a tharla do mo dhuine bocht ná gur chuir sé tríocha agus a haon lá síos in aghaidh chuile mhí nó nach raibh samhail ar bith ag cruinneáil an chroca ach leachta mór Gharraí na Stalach. Nuair a bhíodh an mhí thuas ansin de réir na gclocha beaga, leagadh sé scriochán ag an áit ar a raibh an doras cúil tráth ach a bhí iata anois ag brúisciúlacht spallaí agus teanntaithe ag scuaidrín dóibe agus bualtraí. Bhí rudaí ag dul ar aghaidh go ceochánta nó gur éirigh Tónaí maidin amháin agus nach raibh boral fágtha de na scriocháin ag na francaigh. Bhí sé fágtha ina bhambairne ceart agus gan dor ná dar aige ach an braitheadóir sáite ina pholláire aige mar a bhíodh an ordóg ina bhéal ag Fionn na Féinne. Ní raibh sé cinnte ar chúig nó sé de scriocháin a bhí aige. Bhí sé ag rá leis fhéin scaití go gcaithfeadh sé go raibh na sé cinn ann mar go raibh Máire, go mba slán a bheas sí fhéin agus a cúram diúil, ag fáil toirtiúil toirtíneach agus an támáilteacht agus an ghearrchoismhéigeacht ag bagairt ar a luasteorainn. Chuimhnigh sé ar phlean faoi dheireadh, is é sin, an croca a fholmhú agus na clocha beaga a chomhaireamh. Chaith sé amach ar an urlár iad, chuir sé tríocha a haon ins chuile bhuirlín, rud a d'fhág go raibh sé bhuirlín agus dhá chloch le cois. Mar sin, bhí Máire na sé mhí bailithe. Leag sé sé chaorán móna in áit na scriochán agus bhí chuile shórt ina riocht seoil arís.

Nuair a ceapadh go raibh Máire ar a hoib, cuireadh fios ar Pheigsa Rua, col ceathar do Tónaí as na Clocha Breaca. Ba í Peigsa Rua a bhíodh ag déanamh obair na mná moille i bhfad agus i ngearr. Fuair sí baisteadh bóthair ó scabhaitéaraí na háite agus is é an t-ainm a thugaidís uirthi ná an Tarraingteoir nó, i dteanga ghéar na ngall, an *Tow Woman*. Más comhaireamh na gcloch nó an ghealach ba siocair le moilliú ní raibh aon chosúlacht ar an strainséara beag a chéad chuairt saolta a dhéanamh fós agus b'fhéidir nár bheag dhó a thúisce. Níor cuimhníodh ariamh gur fiche agus a hocht lá a bhí i mí Feabhra agus go raibh roinnt eile míonna a bhí ar an tríocha lá. Ba chuma anois céard ba thuar leis ó d'iompaigh chuile shórt amach ceart. Amach i ndoimhneacht na hoíche chuaigh Máire a luí chuige agus chuaigh Tónaí de rite reatha síos chun na cisteanaí agus gan air ach a léine, le Peigsa Rua a dhúiseacht le dhul ar obair. Bhuail sé a chos faoi bhuicéad na luatha agus chuir sé go spiara é agus cuireadh é fhéin go drisiúr i ndiaidh a mhullaigh, agus ball séire ar na madraí marar cuireadh a shrón i ngaiste mór fiaclach miotail a bhí curtha ar na francaigh. Sin é an áit a raibh an míle murdar, Tónaí ag sianaíl ag iarraidh é fhéin a bhaint as greim pianmhar an ghaiste agus Máire ag cuachaíl sa seomra agus í á féachaint fhéin ag iarraidh an cuairteoirín beag a chur di. Ba é deireadh an scéil go mb'éigean dhó aghaidh a thabhairt ar Pheigsa Rua nó gur scaoil sí as guais an ghaiste é.

Chuaigh Peigsa Rua de dhá choisméig agus léim go dtí Máire agus chaith sí di na pluideanna agus chrap sí na muinchillí go huillinneacha agus leag sí an laimpín *Sacred Heart* lena hais ar chathaoir agus, moladh go deo le Dia, bhí sé ansiúd, deargán beag de phlíoma mic. Choisric Peigsa í fhéin agus bhuail sí lán a béil ar an deargán in aghaidh na n-ainspiorad agus na hanachaine le bail ó Dhia fliuch agus rinne sí an rud céanna le Máire.

'Céard fúmsa,' a deir Tónaí agus gleann curtha sa droim aige ag breathnú ar na mná agus ar an bponcán beag agus gan fós air ach an léine.

'Tá stró ort, a scúille,' a deir Peigsa.

'Á, muise, má bhíonn ann aríst,' a deir Tónaí, 'tá – '

'Coinnigh do mhisneach,' a deir Máire. 'm'anam go mbeidh.' Ach ní raibh.

'Tarraing ort do threabhsar,' a deir Peigsa, 'agus ná bíodh mar atá leis níos faide.'

'Céard atá ann?' a deir Tónaí. 'Mac nó iníon?'

'Mac,' a deir Peigsa agus í ag déanamh cinnte dá graithí le solas an laimpín.

'Micil beag,' a deir Tónaí.

'Maitiú,' a deir Máire ina seanbhéic.

'Nár stopa sibh go dtosaí sibh,' a deir Peigsa.

'Caithfidh muid tosaí le stopadh,' a deir Tónaí.

'Croch síos an citeal,' a deir Peigsa, 'nó go mbuailfidh mé baslach ar an bpataire seo.'

Nuair a bhí an obair ar fad críochnaithe, scaoileadh an pataire beag ar thóir bleánach brollaigh agus deir an té a bhí i láthair nár theastaigh aon mhéir uaidh. 'Á muise, tá sé beag,' a dúirt Máire, 'an díthreabhach bocht.'

'Déanfaidh neart bainne cíoch fathach de,' a dúirt Tónaí, 'agus beidh an gabhar bán ag breith as seo go ceann coicíse.'

Nuair a bhí an tsúmáil déanta ag an somadáinín beag, thit sé ina chnap codlata in ascaill a mháthar. Réiteadh tae, hóladh puins aríst go maidin, agus mara raibh béireiste fial fairsing ar an ócáid agus ceiliúradh. D'fhan Peigsa Rua seachtain i ngleann Bhun an Imleacáin nó go raibh rudaí ina rith aríst. Is é an áit ar shocraigh Máire ar dtús an pataire beag ná i mbosca bróg *size ten* agus go deimhin bhí dalladh fairsinge aige ann. 'Lao seanbhó,' a deireadh Máire gach uair dá mbreathnaíodh sí isteach sa mboiscín bróg ar an bpataire beag nach raibh dhá lán do ghlaice ann ach nár chuma: is iomaí fear maith nach raibh lán glaice fhéin ann agus a rinne bléitheachbhodach. Lao seanbhó, bíonn sé mall ach go hiondúil saolach agus nárbh í sin an mheanmna. 'Chuala mé ariamh,' a deir Máire, 'faoi tharbh óg agus faoin seanstail go raibh siad chomh siúráilte le coileach francach nár facthas glugar ariamh ón bhféileach tairbheach.' Cé acu a bhí buailte uirthi anois? Ní hé an tarbh óg é ar chuma ar bith agus b'fhéidir nárbh fhearr beirthe é. An cheist agus an fhadhb, mar sin, ar seantarbh nó seanstail a bhí casta ina líon? De réir na cosúlachta agus an téagair a bhí sa mbosca bróg ar an teallach, ba é an seantarbh é ach cá bhfaigheadh sí níos fearr é? Is maith an scéalaí an aimsir.

Nuair a bhí an mhí slánaithe ag an bpataire beag bheartaigh siad go mbaistfí é agus tháinig siad ar shocrú gur Micil a bheadh mar ainm air agus Maitiú ar an gcéad cheann eile ach tá Maitiú gan baisteadh fós ní cheal uisce ná salainn é.

'Tá sé beag,' a deir Tónaí leis an sagart mór. 'Nach suarach é an duine agus a bhfuil de ghaisce aige. Nach maith an scaitheamh go mbainfidh sé fuaim as an máiléad ná go bpléascfaidh sé an scolb idir dhá runga. Tiocfaidh uisce le fána sul má shocrós sé baibín an phoill deataigh, ná a shlíocfas sé an stráca le binn, ná go ladharálfaidh sé an bhuntsop agus go scaoilfidh sé an braon le fána go talamh agus nach ar an mballa.'

'Dún,' a deir an sagart, 'tá an oiread síor-rá ansin agat. Tá údar fear maith agat agus ba chóra dhuit buíochas a thabhairt do Dhia na Glóire.'

'Hoips,' a deir Tónaí, 'ní raibh tada le déanamh aige sin leis. Nach é Naomh Micheál a bhí a chúnamh dhomsa agus Naomh Maitiú a bhí a chúnamh do Mháire. Beidh a shliocht uirthi: féadfaidh sí Maitiú a thabhairt ar an gcéad cheann eile. *Up* Bun an Imleacáin,' a deir sé in ard a chinn. Maitiú bocht gaibhte ar seachrán agus ní hé seachrán Uí Chearbhaill é.

Nuair a buaileadh an chéad scaird uisce ar mhullach an

phataire bhig chuir sé béic as, agus pé ar bith cárbh as ar tháinig an iúid agus an neart chroch sé an spreangaide bheag agus céard a déarfá le mo dhuine bocht marar chuir sé an sáspainín ag feadaíl as láimh an tsagairt nó gur bháigh sé thart síos é faoin gcrios mhór leathair.

'Is maith an scéal,' a deir an sagart mór, 'nach bhfuil áit snaidhme ar an gcuimleachán agus tá mise ag rá libh go bhfaigheadh sé í.' Gheobhadh freisin, mar bhí an faisean sin ag go leor sagairt ag an am. Rúscadh, snadhmadh agus loisceadh agus go minic b'ar éigean go raibh áit snaidhme ná buille ar chuid acu, ach d'athraigh an rotha agus ní dochar é. Stop an lascadh agus maolaíodh ar an síor-rúscadh ach is ar éigean gur stop an plioncadh.

'Do dhúshlán drannadh leis,' a deir Tónaí. 'Tá tú an fhad ag slabáil agus ag tomhais ansin agus go sílfeadh duine nach mbeadh aithne aige ort gur ag ceannacht an uisce coisricthe atá tú, a scólacháin. Is iomaí galún uisce coisricthe a dhéanfadh cloch salann garbh agus, ar ndóigh, tá an oiread báistí caite le seachtain aige agus a bhaistfeadh a bhfuil san Eoraip, tá sineacht. Hoips, a mhicó. *Up* Bun an Imleacáin.'

Bhí an sagart ag fáil lasánta, meargánta, coilgneach agus é ag tosaí ag biorú. Bhí brath ann agus brath as aige clabhta a thabhairt do Tónaí ach gur éirigh leis guaim a choinneáil air fhéin ar inn ar éigean. 'Tá tú i dteach Dé, a Tónaí,' a deir an sagart.

'Tá mé,' a deir Tónaí, 'agus tusa,' a deir Tónaí, 'agus thú sách coilgneach d'fhear a bhfuil beagáinín foghlaim air mar thú, shílfeá go mbeadh fios do labhartha níos fearr agat, shílfeá sin. Seo, déan deifir agus fáigh réidh leis mar bhaisteadh, tá an gearradh gionach ormsa.'

Crochann an sagart an sáspan aríst agus foracan eile aige ann os cionn an linbh. 'Baistím thú in ainm an Athar – '

'Ná baist, a dheabhail!' a deir Tónaí. 'Ní hé m'ainmse a bheas air ach ainm an chúntóra, Micil.'

'A chloigeann pota gan eiris. Ach tá a fhios agam,' a deir an sagart, 'ach caithfidh muid é a bhaisteadh in ainm an Athar agus an Mhic agus an Spioraid Naoimh.'

'Rop leat i dtigh deabhail mar sin,' a deir Tónaí, 'ach tá mé ag déanamh amach gur *Monday morning job* a bheas ann ach pé ar bith cén t-ainm a thabharfas tú air, Micil a bheas sa teach seo againne air dá mbeadh an deabhal ina mhaoil agus ina bhonnacha ag scaoileadh cnaipe ar an gcarnán aoiligh.'

'Dún suas,' a deir Máire, 'agus ná náirigh muid.'

'Ná bac leis,' a deir an sagart, 'mar ní hé boladh na gaoithe atá uaidh.'

'Ara, muise, a dheabhail . . . a . . .a shagairt . . . a . . . a athair, ní hin é a bhí sí a rá agus í ag brionglóidí ar Naomh Maitiú. Há há, má bhíonn ann aríst tá mise á rá leat.'

Nuair a bhí an piondarlán baiste agus bratacha crochta, bheannaigh an sagart aríst iad agus fuair sé soinseáil an bhaiste. Bhuail sé cochaille air agus bhrúigh sé síos sa bpóca tónach é. Ní raibh ann ag daoine ach nach raibh pisreoga ag sagairt. Mo chreach mhaidne, muis. Nach beag an baol gur streall uisce coisricthe a bhuail sé air. B'fhéidir go raibh faitíos air roimh aon mheirg. 'Ar aghaidh libh anois chuig an bhféasta,' a deir an sagart, 'agus ná déanaigí craos.'

'Á, muise, ar chuala tú ariamh,' a deir Tónaí, 'nach féasta go rósta agus nach céasta go pósta.'

'Ar aghaidh libh anois,' a deir an sagart. 'Is fada an choisméig go Bun an Imleacáin é, agus ar chraiceann do chluaise, a Tónaí, tabhair aire, agus aire mhaith, don phutachán.'

'Ná bíodh imní ort a mhicó,' a deir Tónaí, 'nuair a thriomós Máire gheobhaidh sé neart bainne gabhair', agus ar aghaidh leo sna sodair, Tónaí, Máire agus na carais chríostaí ag triall ar Bhun an Imleacáin.

De réir mar a bhí Micilín ag cur na haimsire dhe bhí sé ag

plíomáil agus ag páineáil cé nach raibh oscarthacht ligean ná thairis sin de bhiseach ann. Ní cheal goile a bhí air agus bhíodh cúr go bun na gcluas air agus é ar a stártha ag súmáil ar a sháimhín só. Nuair a bhíodh a ghliúrachán lán agus osna an tsonais éalaithe uaidh, chuimleodh Máire binn a naprúin dá bhruas agus siar faoina phluic agus leagadh sí uaithi é i mbosca bróga Cheallacháin le néal beannaithe an tsonais agus an tsuaimhnis a shú. Bhí an boiscín bróga ag fáil beag ag mo dhuine bocht agus ba ar a chuingeacht ba mhó a bhí sé sáinnithe. Nuair a bhuaileas cruóg an chailleach caithfidh sí rith le sruth agus b'in é a fhearacht ag Tónaí é: b'éigean dhó cúpla clár a bhualadh ar a chéile agus cineál trach beag a dhéanamh don phataire.

De réir a chéile bhí gealadh agus biseach, brí agus neart ag teacht i Micil agus an-chosúlacht fir ag teacht air. Nuair a cuireadh ar an mbainne gabhair agus ar an min choirce é, sin é an uair a scaoil sé amach sa gcoiléar ceart é fhéin, agus go bhfóire Dia ar an ngad brollaigh dá dtagadh sé ina líon. Ba ghearr go raibh Micil ag lámhachán agus ag seasamh le balla, agus nuair a thosaigh sé ag tabhairt corrchoisméig bhí tuairteáil agus tónacáil ann ar fud an bhráca ach bhí lúcháir ann chomh maith. Ba ghearr go raibh sé in ann corrchanda a thógáil ina dhá láimh agus a dhul leath bealaigh don bhaile mór air. Bhí na starróga ag teacht de réir a chéile agus an mhugailt agus an crangadh ag teacht leis go nádúrtha.

Nuair a bhí Micilín ceathair nó cúig de bhlianta thosaigh Máire ag iarraidh an ABC agus mar sin di a mhúineadh dhó, ach go bhfóire Mac Dé orainn ba scaird in aghaidh na doininne di é mar nach raibh a fhios aici an difríocht idir pónairí agus bualtrach muice agus ba dhroch-leasmháthair a thógfadh uirthi é agus gan í taobh istigh de dhoras scoile ariamh.

'A,' a deir Máire.

'A,' a deir Micilín.

'Asal,' a deir Máire.

'Aise,' a deir Micilín.

'Maith buachaill,' a deir Máire.

'B,' a deir Máire.

'B,' a deir Micilín.

'Bó,' a deir Máire.

'Bó,' a deir Micilín.

'C,' a deir Máire.

'Sí,' a deir Micilín.

'Cat,' a deir Máire.

'Cac,' a deir Micilín.

'Sin é bhur ndóthain,' a deir Tónaí, 'sul má dhéanfas sibh scoil pheata gan mhúineadh den teach.'

'Is deas í an fhoghlaim,' a deir Máire. 'Ní bhfuair muide an seans, faraor.'

'Múinfidh an saol a dhóthain dhó. Nach bhfuil sé chomh múinte cheana fhéin agus go múinfeadh sé uaidh fhéin, moladh go deo leis.'

Ba téarma gearr gairid é téarma scolaíochta Mhicilín ach feicfidh tú amach anseo gur mhúin an saol é. Bhíodh Micilín isteach agus amach, anonn agus anall, soir agus siar, síos agus suas, ag siobáil agus ag sibiléireacht, nó b'fhéidir go mba córa dhom a rá ag mútaráil, le Tónaí ar fud na háite agus Máire i mbun tí agus árais. Bhíodh bácáil, bruth agus fuint ar siúl ag Máire: bleán na bó agus an ghabhairín; cearca, lachain agus géabha le beathú ach ní raibh aon drogall ná múisiam uirthi. Bhí dearmad glan déanta ar Mhaitiú faoi seo ach nár chuma; nárbh fhearr éan ar an láthair ná bheith ag tochas do chinn.

Bhíodh Tónaí ag tarraingt corrstioncán poitín anois agus aríst, agus de bharr iargúltacht Bhun an Imleacáin d'fhéadfadh siad a bheith ag tarraingt go lá an lúbáin agus go ndéanfadh Dia dearmad orthu gan suntas gan caidéis a fháil dhóibh. Is é an cró a bhíodh mar bhráca acu mar gur ar éigean gur chuala aon phóilí trácht ariamh ar Bhun an Imleacáin agus níor ghá aon scáth a bheith orthu. Bhíodh an pota, an phéist chopair agus na gléis ar fad a bhí oiriúnach don ócáid in ord agus in eagar ag an gcúpla; go fiú an seancheaintín cáirt fhéin, bhíodh sé ag an leaid óg ag tarraingt braon an fhuaraithe ón bpoll dearglaoich i gcomhluadar a mháthar. Bhíodh Tónaí ag déanamh go maith ar an bpoitín, mar deir siad go mba blasta súilíneach an braon a bhíodh aige. Níor facthas smaois ná casacht ar fhear déanta na híocshláinte ariamh, a deir siad agus, ar ndóigh, ní ba taise le criú Bhun an Imleacáin é, bhíodar chomh folláin le bradán. Thugaidís an triosc agus an scrúnlacht do na gamhna agus do na cearca agus ní raibh aon trácht ar an dul amú. Mar a deir an té a dúirt, bhí an dul amú gaibhte amú agus é ar imeacht gan tuairisc.

Bhí rudaí ag imeacht go spórtúil ceochánta ach go raibh an aois ag teacht ar an gcúpla de réir mar a bhí Micilín ag teacht chun inmhe agus nirt. Bhí Máire ag glasachan in aghaidh lae agus ba ghearr eile go mbeadh cuartú ar ribe seachas ribe glas ina stoithin. Bhí Tónaí ag fáil níos támáilte de réir a chéile agus dua agus deacracht aige an chos ghiortach a chrochadh chomh hard ná chomh haclaí agus ba gnách leis, ach sin é an saol. Ní raibh an oiread suime aige anois a bheith ag strapadóireacht ná a dhul sa dréimire. Níor chuir sé sin isteach ná amach air, mar go raibh an fear óg ag teacht isteach go cliste ar úsáid an mháiléid. Ba ghearr anois gurbh é a bheadh ag piogáil thart ar an bpoll deataigh, an strácа le binn agus ag ladhráil an bhuntsoip. Cé is moite dá mbráicín fhéin ní mórán eile tuíodóireachta a rinne Tónaí le fada mar go raibh tarraingt a láimhe agus sábháilt na coise tinne go maith acu. Taoscán clúdach piliúir.

Thugadh Micilín corrchuairt ar Bhun an tSrutha anois agus aríst go dtí gaolta leis. 'Gaolta i bhfad amach', mar a deir Tónaí, beagán níos gaire ná an gaol gabhail, a dhubh na fríde nó mar sin, ach dá mbeadh sé ina chol seisear déag ag an am sin ba ghaol é dá mbeadh sé chomh fada siar agus atá an bia sa bhfaocha.

Tráth dá raibh sé ar camchuairt le cladach shocraigh sé fhéin agus cara go dtabharfaidís seársa soir faoin tír Mhuimhneach nó go bhfeicfidís píosa den tsaol agus go saothródh siad beagán airgid cé nach raibh aon ghanntan ar Bhun an Imleacáin maidir le scilleacha. Ní go rómhaith a chuaigh an scéal síos leis an seanchúpla nuair a d'inis Micilín an scéal dhóibh ach bhí sé chomh maith dhóibh a bheith ag caitheamh dairteacha leis an ngealach ag iarraidh í a mhúchadh ná a bheith ag iarraidh snaidhm chuachóige a chur ar adhastar gaineamh trá le bheith ag iarraidh Micilín a choinneáil ón Achréidh.

Satharn na Féile Michíl a thug sé cúl le Bun an Imleacáin agus aghaidh ar Bhun an tSrutha le castáil ar a leathbhádóir Séamas Choilm Scartha agus bóthar a bhualadh. Ní bréag a rá go raibh spriochtaíl chaointe agus deora goirte á silt ina sruth tuile ag scarúint leis an mac muirneach agus gan acu ach é, an t-éinín bocht cuaiche. Casadh ar a chéile iad dhá lá roimhe sin agus bhí gach socrú déanta le bóthar a bhualadh le giolcadh na fuiseoige agus aghaidh a thabhairt ar an tír mhór. Nuair a bhí a mhaingín balcaisí i dtoll a chéile ag Micilín, chuir Máire cáca mór min choirce leis agus buidéal chúig chnaigín poitín lena chorc babáilte néata cíbe dingthe ina scrog. Thug sé aghaidh ar an saol mór agus bhí sé fhéin prioctha go leor ag an uaigneas agus ag an mbuairt agus é ag téaltú leis thar thortóga agus tuláin, thar mhoingeanna agus eascachacha nó gur bhailigh sé barr Chnocán na Sciortáin. An Easca Dhubh agus an Tulach Bhuí, Clochar na Lárach, Tulach an Leathair agus Clochar na Líonóige agus bhí an bóthar faoina chois uaidh sin amach. Nuair a tháinig sé chomh fada le bóthar an rí bhí Séamas Choilm ann roimhe agus é ag baint plúchadh deataigh as ceann de thoitíní fiáine Choillte na Bóinne.

Ní raibh tuairim na ngrást ag ceachtar acu cén t-am a bhí sé, mar ní raibh aon chaint ag an am sin ar chlog ná ar uaireadóir glaice ní áirím an ceann caolach. Bhain siad súmóg as an mbuidéal agus bhí sé ag teastáil mar go raibh goimh nimhneach sa ngaoth aduaidh agus glasradh crua seaca caite ó thús na hoíche. Bhuail siad bóthar, an rámhainn ar a nguailní agus na feacanna sáite nó sactha isteach i gcluasa na maingíní. Ba ghearr a bhí gaibhte acu nó go raibh siad bogtha amach in allas agus múnóga ag titim le fear Bhun an tSrutha agus é ag fáil spadánta, támhchosach, basach ach ní raibh clóic ar Mhicilín Bhun an Imleacáin. Is é neamhchleachtadh an bhraoin chrua ba chiontaí leis is dóigh, mar nach raibh tada níos láidre ná an bainne bó bleachtáin slogtha ag fear Bhun an tSrutha; níorbh é sin a fhearacht é ag Micilín a bhí á dhiúgadh ó caitheadh ar an sop é.

Chloisfeá in íochtar láin nó i mBaileslaibideaisimucaraí an torann a bhí siad a bhaint as an mbóthar le boinn na gclagaí a bhí i bhfaisean ag an am mar gur fada fiannach an lá ina dhiaidh sin go raibh trácht ná gur baineadh aon ghairimint as na slipéirí dubha ná buí.

Ag tarraingt ar an Spidéal dhóibh tosaíodh ag caitheamh dairteacha leo, agus tá mé ag rá leat marach an braon crua a bheith sa siúta acu go mbeadh ceol thar phíobaireacht acu. Bhog siad amach ina chruashiúl agus ina mhionsodar, ach ní gair dhóibh ann, ní raibh aon chosúlacht ar aon chlaochmú. Fuair Micilín smáileog isteach ar pholl na cluaise agus chaill sé an blocán. Tharraing sé feac na rámhainne as an maingín agus leag sé an maingín ar cholbha an bhóthair agus d'iarr sé pé ar bith cé a bhí ann, saolach nó siógaíoch, amach ar *fair do*, mar a deireadh sé fhéin. Nuair a sheas siadsan stop an cogadh dairteach. 'Mara bhfuil sé de mhisneach agat geábh cothromaíocht, coraíocht, ciceáil nó dornálaíocht, crúcáil no greamanaí fiacla, tachtadh nó tarraingt mullaigh a bheith agat liom, tá do chac agat agus téirigh i dtigh an deabhail as m'amharc.'

Ní túisce a caintíodh ar thigh an deabhail nuair a cluineadh an scread gháróideach tollta nimhe agus chuaigh mar a bheadh bior dearg síos trí cheartlár an bhóthair ag fágáil stéig ramallae ar an spota. Bhailigh siad leo soir tríd an tsráidbhaile agus ag cloigeann thoir na Duimhche Móire bhain siad scloig eile as an mbuidéal agus thosaigh siad ag cíoradh na heachtra. Dúirt fear Bhun an tSrutha gurbh í an scread mhaidne a bhí ann pé ar bith céard a chas an bealach í. Ní raibh a fhios ag Micil faoi mhórbhonnacha an deabhail cérbh í an scread mhaidne ná níor chuala sé focal fúithi ariamh.

'Deir siad,' a deir Séamas, 'gur spiorad í an scread mhaidne a chaitheann seal dá téarma ag cur a cuid peiríocha di leath bealaigh idir purgadóir agus ifreann, áit a dtugann siad an "dubhagán ciapach" air. Sin le rá nach raibh sé sách dona le cur go hifreann ná sách maith le cur go purgadóir ná leath sách maith le dhul do na flaithis. Nuair a bhíonn a seal sin tugtha á gciapadh cuirtear ar ais arís iad ar an saol seo, dofheicthe ach sochloiste, go tarraingteach faoi bhreithiúnas an duine shaolta agus níl ann acu ach cloigeann nó cláirseach. Is í an chláirseach a bhí ag an bhfear anocht,' a deir Séamas. 'Síos a chuaigh sé.'

'Mála bromanna,' a deir Micilín agus chaith sé siar súmóg eile. 'Ticéad an aon bhealaigh a bhí aige, a Shéamais, síos le fána agus nár thuga Dia slán ar ais é mara bhfuil gliogar in mo chluais ag an ruifíneach.' Ba ghearr go raibh an Eascain Mhóir agus Bearna fágtha ina ndiaidh acu agus an Cheapach agus Cnoc na Cathrach i bhfoisceacht coisméig coiligh dhíobh. Tháinig carr agus capall amach tharstu ina ngiteagán agus tharraing sé suas i bhfoisceacht naoi nó deich de choisméigeacha dhíobh agus thairg an tiománaí marcaíocht dhóibh. Seáinín Mháiria Scraith Portaigh a bhí ann, agus ag dul ar mhargadh na mbainbh a bhí a thriall, ag iarraidh carr bainbh do mhac Lomladhracha Sóidí as Lug ar Lag. Bhí an capall giongach go maith agus is ar éigean a bhí sé de staidéar inti fanacht socair nó go mbeadh an bheirt údar spailpíní ar bord. Bhogshodar sí léi arís gan clóic ná tolgán ag baint tine chreasa agus aithinneacha as an mbóthar.

'Ar an Achréidh, bail ó Dhia oraibh?' a deir mac Mháiria.

'Sea,' a d'fhreagair an bheirt d'aonghuth.

'Íosfadh sibh scadáin agus sceallóga, sílim,' a deir mac Mháiria.

'M'anam gur beag an locht,' a deir Micilín, 'ach an gliúrach a chalcadh agus a phacáil.'

'Ar chuala tú ariamh é gurb é an uair a bhíonn an gliúrach lán gurb ea is mian leis an gcnámh síneadh?'

'Nach é an breac is glaine sa bhfarraige é,' a deir Séamas. 'An breac nár rug ar aon bhaoite ariamh agus chuile bhaoite, pisleachán, pruisleachán, smaoiseachán agus gaotaire ag iarraidh breith air.'

Tharraing Micilín aniar an chearc ascallach agus thairg sé fliuchadh a bhéil don charraeir agus, ar ndóigh, bhí Seáinín chomh dúlaithe ag bainne na heasóige agus go raibh glugar glagar aige ag taisteal siar sa siúta. Ba ghearr go raibh siad ar mhargadh na mbainbh agus ghlacadar buíochas le Seáinín as ucht a chineáltais agus ar fhágáil slán ag a chéile gheall Micilín buidéal dhó faoi Nollaig. Bhí luisne dhearg sa ngrua ag Seáinín agus an cincín ag deargadh aige de bharr neamhchleachtadh an bhraoin chrua. Thosaigh sé ag gabháil fhoinn, nó ag iarraidh a bheith go deimhin, ach an oiread liom fhéin. Go mba slán an tsamhail é ag an asal:

'Chuaigh mé go Gaillimh ag iarraidh údar cránach,
Mar dúirt mac Sheáinín go raibh siad saor,
Má sheasann an t-airgead líonfaidh mé an carr leo,
Agus beidh collach Lára ar a stártha ag clítheamh.'

Níl uair dá n-ardaíodh mo dhuine an nóta, nó an ghráig, gabh mo leithscéal, nach n-éiríodh an capall ar a cosa deiridh agus béatar ceid déanta den drioball aici. 'Bhó bhó, a deirim. *Stand*, a dheabhail shalaigh. Dallach dubh ort, a scubaidín, marar tú atá giongach. Nár stopa tú. Heig,' a deirim. Á, muise, is gearr go gcaolóidh an phutóg agat, tá mise á rá leat.'

Nuair a leaindeáil an cúpla ar cholbha na cearnóige móire san áit a mbíodh aonach na spailpín á chomóradh taca an ama cheannann chéanna chuile bhliain, bhí iontas an deabhail ag Micilín faoi chuile shórt ina thimpeall. Ní raibh a fhios aige sa deabhal, mór, beag ná bídeach, cén chaoi a raibh na tithe móra arda seo in ann fanacht ina seasamh, ná cén chaoi a raibh na slinnte in ann fanacht greamaithe de na rátaí gan scolb, snáthaid ná bannaí. Níor chuala sé caint ariamh ar chasúr ná tairne. Bhí roinnt mhaith daoine bailithe thart timpeall na cearnóige, idir fhir agus mhná, agus iad ag fanacht le gealadh an lae le go rachaidís ag margáil spailpíní. Bhíodar ó Rathún go Creachmhaoil ann, Meáraí, Uarán Mór, Droichead an Chláirín agus mar sin de. Nuair a gheal an lá thosaigh an mhargáil mar a bheadh ar aon aonach dá gcasfaí ann thú ach, faraor, aonach daoine a bhí anseo, aonach na spailpíní, agus nár thruamhéalach an scéal é thú fhéin do do dhíol fhéin le puicéaraí na mboilg mhóra ar chuid den bheagán. Bhí cuartú ar aon séacla i measc na Muimhnigh. B'fhurasta aithne go raibh an mhuiceoil bhealaithe agus an gabáiste glas slogtha acu, mar bhí pluca orthu, otraithe dá réir faoin mbeilt agus timpeall na beilte. Ní raibh Micilín ag fáil tóin ná ceann, bun ná barr ar an teanga a bhí ar bun thart timpeall air, mar deabhal humanta focal Béarla a chuala sé i gcaitheamh a shaoil ach corr-ráiméis a bhíodh ag Tónaí agus seacht gcineál pláibistéireachta burlaithe dingthe le chéile in aon chis ar easair amháin.

Seo anall bleadrachán mór otraithe a raibh a chuid mogaill chomh mór le dhá laindéar sleaschairr. Smigealach go ribe casta an chliabhraigh air agus é pislíneach pruisleach. Bhí dhá cheathrú air ar nós ceathrúna capaill, bleadar boilg bailithe amach thar bhásta a threabhsair ghréiseáilte shraoilligh bhealaithe mar a raibh píosa de róipín snaidhmthe cnáibe á choinneáil ina chéile agus suas air agus gan fanta ina phlapa ach dhá bhuiltéar cóta fear posta. '*Looking for work?*' a deir an gíománach le Micilín. Bhreathnaigh Micilín ar a leathbhádóir agus a bhéal oscailte, gan dor ná dar as. '*Hear me,*' a deir sé de bhúir tarbh buile.

'Labhair,' a deir Séamas le Micilín, 'nó caillfidh sé an blocán, ach má chaiḷleann fhéin tá sé fhéin agus a chosúlacht ag dul in aghaidh a chéile má ritheann sé i bhfad.' Bhí an burlamán mór ag grinndearcadh idir an dá shúil ar Mhicilín agus stánadh an uafáis ann agus a shrón ag tál dhá bhaoite roighin smaoise a chuir sé ar thicéad an aon bhealaigh le muinchille ghearbach a sheanchiomach de chóta. 'Transmaignuícndeficanbandansíalaití,' a deir Micilín agus chuir sé a sheanscairt gháirí as.

'*Ah, you bloody fool,*' a deir an fear thoir.

'Is mó an chosúlacht fuail atá ort fhéin go mór fada, a ghliúracháin chaca, a bhfuil lán barra fualghréis ó imleacán go rúitíní ort. Nach bhfuil boladh an ubh ghlugair ort. Feó, a dheabhail, feó.'

'Ara, a dheabhail,' a deir Séamas, 'ní fual a dúirt sé ach *fool*.'

'Agus nach hin é an Béarla atá ar fual, a amadáin,' a deir Micilín. 'Níl a fhios agam cén chéad fhocal a dúirt sé ach tá mé i ndáil le bheith cinnte gur féileach fuail a thug sé orm ach gur Béarla a bhí aige.'

'Ach cár fhoghlaim tú an agall sin a scaoil tú chuige?'

'An seanleaid, a mhac,' a deir Micilín agus cáir air.

D'imigh giolla na gréise agus tháinig giolla na méise, staic de bhean luath láidir, a dóthain airde ó thalamh inti, í leathandrománach go leor, timpeall maith thart faoin mbásta inti agus gan básta ar bith ina básta de réir cosúlachta, ach cá bhfios dúinn. Bhí an brollach chomh clúdaithe le pucaigh agus nach mbeadh a fhios agat ar teann téagartha, corrach nó lán a bhí sé. Nuair a tháinig sí chomh fada leo bhuail sí bleid orthu agus d'fhiafraigh sí de Mhicilín an raibh sé ar thóir oibre agus dúirt mo dhuine go raibh. Shocraíodar ar phunt sa tseachtain cé gur corrdhuine a bhí ag fáil an chúig déag fhéin.

Dúirt Micilín léi ó bhí an Ghaeilge ar a toil fhéin aici nach raibh aon fhonn air fhéin scaradh óna chomrádaí go mórmhór mar gheall ar nach raibh aon Bhéarla aige. '*Well,*' a deir an cailín ar ais le Micilín, 'is as Baile na hAdhairce Móire mise agus tá dalladh le déanamh ag an té a bhfuil fír na maitheasa ann. Féadfaidh an bheirt agaibh a theacht liomsa agus tabharfaidh mé lóistín dhó ach caithfidh sé a dhul ar an áiléar. Stop,' a deir sí, 'tá Muinice na Woodbines ag teacht,' ar thabhairt strac-fhéachaint soir colbha na cearnóige di, 'agus tá mé ag ceapadh go bhfuil sí fhéin ar thóir scafaire. Fanaigí ansin nó go dté mé chomh fada léi.' D'imigh léi agus ba ghearr nó gur tháinig sí agus Muinice ar adhastar aici agus mara raibh ceartú ann ní lá fós é. Shílfeá nach mó gur thaithnigh an mháistreás oibre le Séamas ach, mar a deir an ceann eile, ní mórán rogha a bhí aige cheal Béarla. Bhí sí gléasta níos liobraí agus í níos sliobarnáilte ná an *landlady* a bhí ag Micilín agus súil an chailín báire aici, dar leis, ach nár chuma sa deabhal é mar scéal; ní ag codladh léi a bheadh sé, cé go bhféadfadh sé tarlú, ag brath áidh nó mí-ádh de réir mar a thitfeadh sé isteach nó amach.

Thosaigh an mhargáil ach deabhal sciúrtóg thar na cúig déag a thabharfadh sí dhó ach gur gheall sí dhó go mbeadh an bheirt acu ag ithe ag an mbord céanna agus ag ithe d'aon phláta má thogair sé fhéin é. Bheadh a sheomra fhéin aige agus a leaba fhéin ach gur chuir sí aguisín beag eile sa margadh, is é sin dá mbuailfeadh fuacht nó uaigneas é go mbeadh míle fáilte aici fhéin roimhe isteach ina seomra fhéin ar chúl an tsimléir san áit a raibh leaba bhreá dhúbailte cláir agus, m'anam, a mhaicín, nach leaba mhór a theastódh ar an gcruatan seo ach brú ina chéile. Thug Séamas súil ar Mhicilín agus chaoch Micilín an tsúil ab fhaide ó Mhuinice ar ais ar mo dhuine an *raddle* a thógáil agus gan dóigh a dhéanamh dá bharúil. 'Deabhal a leithide de mhargadh a dearnadh le aon spailpín ariamh,' a deir Séamas. 'Beidh an craiceann agus an luach agam pé ar bith céard fútsa.

Agus óra bhóra bhóra bhuí,
Agus óra, a mhíle grá,
Is má chaithimse oíche ar leaba léi,
Beidh gíoscán ag na cláir,
Agus óra bhóra bhóra bhuí
Agus óra, a mhíle grá.'

'Stop, a dheabhail,' a deir Micilín, 'agus bíodh foighid agat nó b'fhéidir gur *four faults* a bheadh agat má chloiseann sí thú.' Nuair a bhí píosa deas de bhriseadh gealacháin ann thug na mná móra as an taobh thoir a gcuid spailpíní óga trasna na cearnóige go dtí Biddy na gCat, a bhí ar an leiceann thoir, nó go mbeadh plaic le n-ithe acu. Bhí teachín beag ag Biddy agus bhíodh sí ag réiteach tae agus bhí cáil uirthi ar fud Chonamara ag an am mar gheall ar fhairsinge agus ar fheabhas a braoinín, mar a deireadh an seandream a bhíodh ag tarraingt ann. Bhíodh bádóirí, carraeirí, iascairí, haitéaraí, tincéaraí agus chuile chineál duine dá gcuimhneodh duine air ag tarraingt ann, ach bhíodh riar a gcáis faoi réir ag Biddy bhocht dhóibh. Bhíodh suas le leathscór cat i gcuideachta na cuideachta go minic ann agus bhíodh fionnadh ag dul go haer go minic ann, ach deabhal suim a bhí Biddy ná an chuideachta a chur ann. Mar a deireadh sí, 'Mara bhfóireann sí dhuit iompaigh do thóin leis.'

Bhí an doras ar oscailt agus cúpla straigléara i gcúinne beag agus iad ag cur an tsaoil thrína chéile. Bhí an citeal ag bruithínteacht fiuchadh, an taephota ag fanacht agus crúib tae caite ar a thóin ag Biddy agus í réitithe le streall as a ghob a thabhairt dhó. Is í Muinice a rinne an t-ordú agus ní gann ná gortach é ach an oiread. Bhí maoil ar an bpláta le arán donn agus prionda im baile ar phláta eile, sáspan uibheacha agus lomlán pota tae. Leagadar isteach chuige agus is iad a bhí i riocht, mar go raibh an gearradh gionach ar na spailpíní a bhí ar céalacan ó dheireadh oíche. '*By dad*,' a deir Séamas le Micilín nuair a fuair sé na mná bailithe amach ag tabhairt freastal do ghlaoch an nádúir, nó ag ligean feide mar a déarfá, 'níl saol an spailpín chomh fabhtach agus atá cloiste againn.'

'Á, a dheabhail, a mhic ó, is fada a faightear boladh an fhrancaigh nuair a thagann fúithi.' Nuair a tháinig na mná ar ais thug na *boys* aghaidh ar sheanchúinne an asail le fuascailt an phléasctha a fháil. Ní raibh aon chaint ar *Ladies* ná *Gents* mar ba é an seanpholl an pribí céanna a bhí ag déanamh tarrtháil ar fhear agus bean, idir íseal agus uasal, ach nár mhaith ann é. De réir cosúlachta bhí Jeyes Fluid gann agus b'fhéidir daor. Ná raibh bail ar Mhicilín nuair a bhí sé réidh ach an craitheadh marar tháinig smaoineamh filíochta isteach ina cheann faoi pholl brocach an phribí, agus seo mar a chuaigh an scéal agus a mhéir sínte i dtreo an phoill tarrthála aige mar a bheadh sé ag caint leis:

'Nach iomaí gabhar a shuigh ort mar pholl,
Agus a ndearna tú a réiteach,
Idir séideadh agus strealladh gan urchar cruinn,
Is níor dhúirt tú ariamh gur bhréan é.'

'Fág seo go beo,' a deir Séamas, 'nó má bhuaileann an óinseach iad siúd ní go maith a thiocfas muid as.'

Amach leo agus trasna na cearnóige go dtí an áit a raibh an múille agus an cáirrín fágtha ag Malaí, máistreás oibre Mhicilín. Scaoil sí an ceanglachán den ráille agus rinne sí *U turn* ar an mbóthar leis. '*Hop on board*,' a deir Malaí. Rinneadh amhlaidh agus thug siad cúl le Gaillimh agus aghaidh ar Chuasán nó ar Bhaile na hAdhairce Móire. Bhí an múille bocht maith go leor ag dul le fána ach nuair a thagadh tarraingt in aghaidh an aird air bhíodh a thóin amuigh agus mara gcuirfeadh snaidhm choillearáin isteach í, ní raibh a leigheas le fáil. Nuair a thugadh Malaí an coillearán ar na heasnacha don mhúille, thagadh cor sníomhacháin ann agus bhuailfeadh sé a chorróigín chorr-chnámhach in aghaidh an leathlaí ag iarraidh an chéad bhuille eile a sheachaint ach, mo léan géar, bhíodh sé dírithe arís ag an gcailín báire le haificéar míthrócaireach eile.

Nuair a bhí cúpla míle bóthair curtha thart acu, nó fágtha i dtaobh chúl an chinn acu, tharraing Micilín amach an buidéal agus bhain gáilleog as, mar cé go raibh an mhaidin crua tirim, bhí goimh an fhuachta ag fáil treise ar an ngréin agus ag dul suas cosa a threabhsair. Thairg sé an buidéal do Mhalaí, do Mhuinice agus dá leathbhádóir. Bhí sé ag dul ó bhéal go béal nó go raibh leathbhogachan súgaíl ar na mná móra mar nach raibh aon chleachtadh acu air. Ba ghearr gur chaith Muinice an géagán anall thar mhuineál Shéamais agus bhain sí scailleog fhadálach dhe. Chuir Séamas barróg uirthi agus theann sé léi agus ní ar fhataí ná ar fheamainn dhearg a bhí a n-aird agus nach leasmháthair challóideach a thógfadh orthu é. Ba ghearr nó go raibh Séamas agus Muinice ag cur 'An Draighneán Donn' go gealach. Bhí Malaí ag teannadh isteach le Micilín agus ba ghearr nó go raibh brat an chairr curtha trasna ar a nglúine agus an tseoide ghrabaideach claochmaithe.

Nuair a leaindeáil siad i gCuasán na hAdhairce Móire ní raibh aon chall an múille a threorú isteach an bóithrín. Nuair a thuirling siad den chairrín bhí cineál craipliú i sparabail Shéamais agus crampa idir an ioscaid agus an bhléin, ach tar éis chúig nóiméad cuimilte ó Mhuinice bhí an chuisle ina riocht seoil arís agus abhae leo in ascaillí a chéile gan cás gan mhairg faoi dhuine ar bith. De réir cosúlachta, agus deireadh an seandream ariamh go mbíodh an chosúlacht ann, bhí an náire slogtha, ní muglaithe ná canglaithe. Nuair a bhíonn an t-ól istigh bíonn an chiall amuigh, agus nach cén dochar. Baineadh an carr den mhúille agus caitheadh slám féir chuige, rud a bhí ag teastáil uaidh agus é ina ghéarghá. Thugadar aghaidh ar an mbráicín agus a mhaingín faoina ascaill ag Micilín agus Malaí faoin ascaill eile.

hOsclaíodh an doras agus ag an deabhal go raibh na míoltóga beaga marar sciorr do Mhicilín ar an tairseach ghréiseáilte agus buaileadh a chúl de phleist faoin talamh, nó faoi leac an dorais ab áil liom a rá, agus cuireadh sceid ann a bhí ag tabhairt fhola. Chuaigh Malaí á ghlanadh agus bhuail sí lán crúibe de théadracha damhán alla agus cosamar eile ó bhun an rata ar an ngearradh agus bhuail sí buadán de sheandrár réchaite thart timpeall an phastae air. Nuair a bhí an buadán snaidhmthe fáiscthe aici chuir sí a dhá láimh aniar faoina lár, agus mara raibh fáisceadh ann déan iarracht scairdeadh díreach in aghaidh na doininne. Deamhan a dhath locht a bhí ag Micilín sa gcéipreáil ach go mbeadh sé níos compóirtí dá n-athródh sí bráite le go mbeadh sé in ann súil a choinneáil ar imeachtaí – agus rud eile, bhí faitíos air go gcanglódh sí na cluasa dhe. Is mór is fiú nach raibh aon chaint ar Dracula ag an am nó is é an chaoi a réabfadh sé, agus ag an bhfear feasa a bheadh a fhios cé a bheadh in uachtar.

Chuireadh Micilín an geafaire thairis siar ó am go chéile agus chuimlíodh sé bosóg dá mása agus leanadh corrphinse neamhchealgach dá réir. Nuair a bhí tamall déanta acu den chéipreáil aineolach, bhog Malaí a greim agus chuaigh sí ar mhalairt bráite agus ní ar bhráite an scadáin é, breac seachantach an bhaoite, nó gur thug sí póg fhadálach ghrámhar dhó ar na liopaí boga úra óga nár dearnadh teangmháil ban cheana leo ó coisceadh é agus níorbh é an lá sin é ná an lá roimhe ach an oiread. Réitíodh tae agus hóladh é. Itheadh geampa arán cruithneachta agus fuair an corna muiceola agus an mhias chóilise a bhí lonnaithe i lár an bhoird faoi na físeacha í mar go raibh déidín tite acu leis an ngoin ocrais a bhí orthu. Nuair a bhí ballasta ite frítheadh réidh faoi chomhair na siobála. Féar do bheithígh, leaba faoin gcapall, plaic don mhada, bainne don chat agus coirce do na cearca agus an chomhla a dhingeadh agus a dhaingniú ar áinéar an mhada rua. Chaith siad seal ag cur an tsaoil trína chéile agus ag ól corrscloig fuisce nó go raibh siad ionann agus spéiceáilte.

Micilín a rinne an chéad chor, ag déanamh ar an tsráid le glaoch ón nádúr. Ar a theacht isteach dhó rinne sé caol díreach ar an seomra. Chaith sé dhe a chuid ciomacha agus, ar ndóigh, an faisean a bhí sa mbaile aige lean sé ar cuairt é: chroch sé ar an urlár iad, agus chaith sé é fhéin de thuairt isteach i sráid na bpluideanna. Rinne sé buirlín de fhéin sa leaba mar bhí sí cineál fuar ach ba dona an cholainn nach dtéifeadh í. Ba ghearr go dtáinig Malaí aníos ina dhiaidh agus chuaigh sí in aimhréidh i gciomacha Mhicilín agus ní hé an dea-ghuí a rinne sí. Chaith sí di a cuid balcaisí isteach go ceaileacó agus isteach léi le taobh mo dhuine a bhí ag sranntarnach ar nós collach muice. Bhí Micilín bocht chomh cancáilte agus nach ndúiseodh an toirneach é. Amach am eicínt san oíche dhúisigh sé agus é ag brionglóidí go raibh sé fós ina sheasamh i seanphribí Bhiddy na gCat agus a shúil cocáilte ar pholl na tarrthála aige agus tá a fhios ag Dia gur thosaigh sé aríst:

'Thriall siad ort idir fhir agus mhná,
Ón gCaisleán Gearr agus Barr an Chalaidh,
Rathún aoibhinn na mbántaí arda
Agus mac Mháiria an Scraith as Conamara.'

D'iompaigh Malaí thart agus thug sí an uillinn faoin imleacán do Mhicilín agus chuir sí cruit air. Ní raibh a fhios ag Micilín ó mhac Dé cá raibh sé agus bhí sé cinnte ar feadh tamaill gur i mBun an Imleacáin a bhí sé agus é ag brionglóidí nó gur chuir sé a lámh thairis agus go bhfuair sé an daid mhór tarnochta lena thaobh ag únfairt. Theann sé suas uaithi nó gur bhuail sé a thóin in aghaidh an bhalla ag bac an tsimléir agus a dhúshlán a dhul níos faide. Rinne Malaí cúpla rabhal eile. Chuaigh sí ar a taobh as sin ar shlatracha a droma. Shearr sí í fhéin. Scar sí í fhéin. Shín sí na cosa agus thosaigh ag méanfach. Ar ais léi ar a taobh arís nó gur ghreamaigh sí í fhéin in ascaill Mhicilín in aghaidh bhac an tsimléir. Bhí bac an tsimléir róthe do chadairne nochta Mhicilín, ó ba rud nach raibh sé ag iarraidh na spreangaidí a shíneadh ach ag daingniú chupán na glúnach le plaic Ádhaimh a bhí lonnaithe faoin smig aige, bhí drioball an léine buille róghiortach le parasól a dhéanamh le sroicheachtáil síos ar a chadairne. Rinne sé iarracht Malaí a chur dhe beagán lena thóin a thabhairt as guais ach, mo léan dóch, níl cor dá ndéanadh sé nach ag teanntú a bhí Malaí. 'Sín do chuid spreangaidí,' a deir Malaí, 'agus séipeáil suas thú fhéin. Tá siad ag cur an ghad brollaigh timpeall mo mhúiníl agus mé i mbaol mo thachta.'

Ba támáilte, drogallach támhleisciúil uaidh ach le beagán cúnaimh rinne sé an beart. Chuir Malaí lámh faoina chloigeann a bhí báite sa bpiliúr nó gur chroch sí chuici aníos é agus an lámh eile trasna ós cionn a ghorúin. 'Nach mór atá i ndán don duine,' a deir Micilín agus fuarallas an choimhthís agus an chúthaileadais ag teacht amach thríd.

'Ina thús atá tú, muise,' a deir Malaí, 'ach nach cén dochar. Cé aige a mbeidh fios air agus gan ann ach mé fhéin is thú fhéin agus an bheirt againn? Cá bhfuil mo raiteog?' Fuair sí an phóg más fadálach, gearr nó idir eatarthu a bhí sí ach ní bhfuair duine ná deoraí deireadh an scéil ariamh nuair nach raibh ann ach é fhéin agus í fhéin agus an bheirt acu.

Ní mórán cartadh ná crúbáil a rinne Micilín an lá arna mháireach ach an rámhainn sáite ina ascaill ag tabhairt brollaigh di. Nuair a bhí an dinnéar caite acu agus an t-altú déanta, chuaigh Malaí go dtí an drisiúr agus thug sí amach buidéal Power agus dhá ghloine. '*More Power*, a Mhicilín,' a deir sí agus líon sí dhá scúnar dalba fuisce. 'An bhfuil a fhios agat,' a deir sí, 'céard a deir Sean-Phower nuair a rugadh Power Óg?'

'Deabhal fios ná fáirnéis, muise,' a deir Micilín.

'*More Power*,' a deir Malaí. 'Caith siar í, tá crúbáil le déanamh agam.'

'Deabhal mórán crúbáil atá le déanamh fós agat,' a deir Micilín, 'mar deabhal mórán cleachtadh agamsa ar an gcartadh go fóill.'

'Ná bíodh buaireamh ar bith ort faoi sin,' a deir Malaí, 'mar is namhaid í gach ceird gan í a fhoghlaim.'

De réir a chéile fuair Micilín taithí ar an réimse éagsúil cearda a bhí amach roimhe, agus ar Mhalaí freisin, agus nuair a bhuail lasair an ragúis, na céipreála, agus an ghrá i gceart iad, deabhal inneall tochailte a thabharfadh ó chéile iad. Phós siad an Inid a bhí chucu agus bhí bainis an duine uasail acu tar éis an tsearmanais i séipéal na hAdhairce Móire. Bhí Tónaí agus Máire ann agus iad réitithe go dtí na *nines*. Ní aithneofá a dhath ariamh bacaíola ar Tónaí mar gur cuireadh sé hórlaí ardú ar an tsáil a bhí faoin stumpa. Bhí saol na bhfuíoll ag Micilín agus ag Malaí. Bhí dháréag agus píobaire clainne acu ach dá mbainfeá an chluais de mo leiceann níl a fhios agam faoi aon Mhaitiú.

Eachtra Chnocán na Sclítí

Nuair a bhíodh séasúr bainte na bhfatai thart sna bólaí seo gach bliain is ar éigean gurbh fhiú trácht ar chruóg ar bith eile nó go mbeadh seanleasú le déanamh. Céad slán go deo leis an aimsir fholláin a bhíodh ann an t-am sin. Ó bhailíodh sé Lá Samhna ar fhad bhíodh glanspéir againn ar feadh an lae. Gaotalach agus cruatan seaca le spéir réaltógach ó thitim oíche go maidneachan. Bhíodh corrcheann tí ag fálróid agus ag fuirseadh ar fud na ngort ag biorú corr-mhaolbhearna nó ag baint corrdhris chosáin ach thairis sin de fuile faile ní raibh ar dhuine ar bith. Théadh na buachaillí óga go háirithe ina gcionn postaí fhéin mar shampla ag bualadh ceid agus cluichí eile na linne sin. Théadh roinnt eile acu ag fiach. Ba mhór i gceist fiach ag an am mar bhí coiníní, sionnaigh agus broic ina farrabachall.

Bhíodh an droinn chéatach gabhair fhiáine ag ísliú ó na storráin a bhí á ndallrú le teann riteachta agus ag téaltú faoi dhéin scailpreacha an fhoscaidh sna hísleáin. Nuair a theannadh an fheannaid agus an fhuarnimhe leo agus an marbhleathar i mbarr na gcluasa acu, thógadh siad seans ar bith ach greim le n-ithe a fháil a mhaolódh an gearradh gionach. Mar sin, ba mhinic a thugaidís rite reatha agus ruathar faoi eallach a bhíodh sna hísleáin nuair a tugtaí solamar na hoíche chucu go mórmhór féar tirim agus tornapaí. Ba mhinic ina chath na bpunann é i ngleann sléibhe idir na gabhair mhallaithe agus na beithígh eile agus ba mhinic gurbh iad mallaíodóirí beannacha na storrán a rug bua. Ba mhór i gceist ag buachaillí óga na gcladaí seársa fiaigh a thabhairt faoi na gabhair seo agus iad a sháinniú, a chúinneáil agus a chuibhriú. Thugaidís leo ar cuingir iad agus thugaidís aire mhaith dhóibh, agus le beadaíocht agus peataireacht ba ghearr an mhoill iad a thabhairt chun cineáltais; agus ba mhaith ann iad go minic le bainne agus feoil go mórmhór nuair a bhíodh seascach ar bheithígh mar go mbíodh go leor de na gabhair bhaineanna pocaithe agus torrach faoin am seo agus iad ag súil le mionnánú amach i dtús an earraigh. Bhíodh corrphocaide ina measc agus tar éis bheadaíocht an gheimhridh ba mhaith ann iad chun boird nuair a bhíodh trombhualadh an phocú ar imeacht gan tuairisc.

Is le dhul ag fiach na ngabhar a d'fhág Seáinín Shorcha an baile an lá úd tar éis an mheán lae agus a chonfairt lena chois, mar a deireadh an seandream. Thug sé a chúl le Rann na Straidhpe agus aghaidh ar an Moing Bhealaithe. Bhailigh sé an Sliabh Mór agus na Clocha Breaca agus Cloch an Chaipín os a gcionn. Bhí an tSraith agus Gleann na Seisce taobh thiar agus Barrchnocán an tSrutháinín os a chionn sin ar Storrán an Ghliadair. Bhí an Claí Nua agus an Criathrach Oileáin faoi íochtar Chaisleán an Mhaidin taobh thoir, Cíocra Pholl na Dúiche ó thuaidh ag síneadh isteach faoi ghob Thulach an Leathair. D'éirigh plíoma de ghiorria as cíbearlach Chlochar na Líonóige agus níor bhain sé na Cnocáin Bhreaca fhéin amach nó go raibh taobh na bpoll os a chionn ag an gcúín riabhach. Ba mhór le Seáinín a bheith á iompar mar go raibh fíormheáchan ann. Bhí a thoirt agus a théagar ar comhionannas le banbh muice agus séard a rinne Seáinín leis ná sacadh moghlaera a thabhairt dhó go dtagadh sé ar ais. Ar aghaidh leis thar an teorainn idir Tulach an Leathair agus Clochar na Lárach. Bhí osnaíl mhaith gaoth anoir aduaidh ann agus, mar a deir Seáinín, mara bhfuair poll na cluaise blas na goimhe fuair barr na sróine é.

Ar bhailiú amach an Gharraí Buí dhó thug sé faoi deara go

raibh an spéir ag dubhadh thoir mar a bheadh sí ag tórmach tuairt shneachta ach fós go ndéarfá mara mbogfadh an glianán go moillfeadh sé. Ós rud go mba lá gearr geimhridh a bhí ann ní mórán moille a bheadh air dúnadh isteach. Bhí Clochar na Daraí agus Cnocán na Cuilte sroichte aige faoi seo agus ní achar an-fhada go mbeadh Cnocán na Sclítí bainte amach aige, beagán le dhá fhad go leith gráig asail. Ba ghearr go raibh sé ina dhubhachan ceart agus an spéir ina moirt os a chionn. Bhí corrchalóg bhog shneachta ag fuaidreamh le gaoth agus bhéarfá brí an leabhair gur ag déanamh spraoi agus ag iarraidh breith ar a chéile a bhíodar ach ní raibh ann ach tús. Bhog Seáinín ar a choisméig de réir mar a bhí an sneachta ag fáil níos gáifí. Bhí sé ag cuimhneamh dá n-éireodh leis bráca Chnocán na Sclítí a shroicheachtáil roimh an mbrúiscíl go mbeadh teálta seachanta na síonach aige, agus cé go mba uaigneach an lóistín é in uaigneas sléibhe nach mbeadh baol tolgtha ná stromptha air go maidin in aice chúnamh Dé. Ní cosúlacht ársaithe a bhí air anois ach cosúlacht duifin. Ba ghearr go raibh sé ina chaladh agus ina ghuairneáil gháifeach nó nár léir dhuit do lámh ach ar éigean.

Faoi dheireadh agus faoi dheoidh rinne sé béal an bhráca amach. Chuaigh sé isteach thar a bhéal ach ní ba léir dhó a dhath ariamh, mar bhí an áit istigh chomh dubh le tóin an deabhail ba duibhe in ifreann. Las sé cipín solais agus ar amharc na súl dhó is beag nach ndearna sé spéice. Is iomaí teach nach raibh leath chomh deisithe ná chomh cóirithe leis. Bhí fairsinge dhamanta taobh istigh agus b'fhurasta aithne go raibh úsáid á baint as go fóill. Bhí taobhanna an bhráca siúntáilte agus cíb curtha suas lena thaobhanna agus an teas agus an teolaíocht ann mar a bheadh óstán trí réiltín ann. Bhí dhá bhruachán múnlaithe i dtóin an bhráca agus matal giúise trasna ó thaobh go taobh agus fráma crannógach caolaigh dlúthfhite ar crochadh go healaíonta os cionn an mhatail mar pholl deataigh amach trí chíor an bhráca. Bhí greallach ghríosaigh ag crádadh fós ar an leac a bhí ag déanamh ceann teallaigh. Bhí comhra bheag i gcúinne an bhráca, agus ar bhreathnú síos ann do Sheáinín thug sé faoi deara staic mhaith de cháca caiscíneach, buidéal bainne, ceathrú tae Lipton agus allúntas siúcra. Bhí taoscán breá de bhuidéal poitín ann agus dhá ghloine. Bhí lampa de na seanlampaí ola pairifín débhuaiciseach crochta ar thaobh an bhráca agus a bhí lasta ag Seáinín faoi seo agus neart solais uaidh ar fud an bhráca. Bhí maingín caoráin chlochmhóna chois an teallaigh agus d'fhadaigh Seáinín caor. Fuair sé sáspan cáirt a bhí chomh dubh lena leathbhádóir, an citeal, agus chuir sé stioncán uisce ann as buicéad mór béal-leathan agus chuir sé ar a ghoradh ar an splanc é. Bhí burla ciomacha brúite síos i seanchliabh saileánaigh agus ba mhaith ann iad nuair a bheadh an gliúrach lán agus síneadh na cnáimhe ar a hoib.

Thug Seáinín súilfhéachaint amach thar bhéal an bhráca, nó na huaimhe, nó go bhfeicfeadh sé cé mar a bhí cúrsaí. Bhainfeadh an ghoimh an smut de mhoncaí práis agus bhí fead ag an ngaoth anoir aduaidh agus formán gáifeach léi. Bhí an ghuairneáil ar a stártha agus ní ba léir dhuit Cnoc Chathail Óig dá mbeadh sé ag iarraidh a dhul siar in do bhéal leis an dorchadas. Ba léir do Sheáinín bocht go mba leis an mbráca ar Chnocán na Sclítí go maidin é, agus marach an dá ghadhar a bheith leis tá mé dearfa go gcaillfí le uaigneas agus duifean croí é. Bhrúigh sé punann cíbe i mbéal an bhráca agus réitigh sé streall tae, agus mara raibh sé ina chall. Thug sé smailc den chaiscín do na gadhair agus d'ól sé gloine de bhainne glas na heasóige. Las sé toitín agus shuigh sé faoi ar bhlocán giúise a bhíodh ag úinéir an bhráca mar shúistín. Bhí sé ag grinndearcadh gach mír meacain ar fud an bhráca, agus pé ar bith cén suntas a thug sé do charnán cíbe a bhí sa gcúinne ab fhaide uaidh bhí mar a bheadh barr dhá bhróg amach as.

Bhuail cineál faitíos ar dtús é agus ní raibh a fhios aige ar feadh coraintín fada ar ag teacht nó ag imeacht a bhí sé, nó ar tagtha nó imithe a bhí giolla na mbróg faoina chlúdach cíbearlaigh. Smaoinigh sé ar dtús ar imeacht ach cá rachadh sé ina macasamhail d'oíche? An mb'fhearr dhó rith maith ná drochsheasamh? Cá rithfeadh sé? Ar beo nó marbh a bhí fear na cíbe? Ní raibh a fhios aige agus ní raibh farasbarr deifre air chun é fháil amach ach an oiread. Sheas sé suas agus a dhromán le bac an phoill deataigh aige agus súil níor fhéad sé a thógáil de bharr an dá bhróg a bhí gan cor ná car ach an oiread le marbhán spéiceáilte. Má bhí sé ina spéice fhéin ní bheadh sé fhéin ina thús scéil ná cabaíl leis. Bhíog sé, chriothnaigh sé agus bhuail racht smeachaíola nó cneadachta é ach rinne sé iarracht é a smachtú lena chloigeann a chur siar ina ascaill agus fáisceadh na huillinne a thabhairt dhó.

Leis sin, lig fear na cíbe fíor-ruagán nach raibh de shamhail aige ach bleaist ag pléascadh glaschloiche. Gheit an gadhar mór caorach nuair a chuaigh macalla an ruagáin i gcion air agus rinne sé caol díreach ar théagar an chúinne. D'éirigh fear na cíbe agus chuir sé scréach an bhainbh choillte as le uafás nuair a thug an gadhar sracadh faoi. Bhí na mogaill ar hob léimneach amach as a phastae nuair a chonaic sé Seáinín ina sheasamh chomh díreach le saighdiúir os a chomhair amach agus a choillearán roschoille draighin teanntaithe ina ghlaic aige agus an dá ghadhar agus a gcuid drandail nochta go poill na gcluasa acu agus iad bíogtha le dhul ag stialladh. D'fhógair Seáinín ar na gadhair ciúiniú agus lig sé anuas an coillearán. Chuir sé caint ar mo dhuine agus rinne siad cairdeas lena chéile agus thug sé fáirnéis faoi fhios fáth a chuairte.

D'inis fear na cíbe gurbh é fhéin Mac Plapa Stróicthe as Leitir Gungaid agus go mbíonn sé ag tarraingt corriarraidh poitín sa mbráca seo. Dúirt sé nár tháinig aon gharda ina ghaobhar ariamh ó chuir sé fhéin ortha an dul amú orthu blianta ó shin. D'inis sé dhó gurb é seo Cnocán na Sclítí agus gurbh é an chaoi a bhfuair sé an t-ainm ná ó chailín óg as Gleann na gCat a bhrúigh í fhéin ar phincéara duine uasail blianta ó shin agus ar lean crúscoitheadh an teangmháil. Thugtaí sclíteach ar a leithide agus ba gnách le daoine uaisle teálta compóirteach a dhéanamh ar an iargúl don chailín nuair a tharlaíodh an timpiste. Chuirfeadh an contrálaí cúntóir agus cuideachta ar fáil agus déileáil mhaith airgid nó go mbeadh an luí chuige thart. Bhí rogha ag an gcailín fanacht mar a bhí sí nó í fhéin agus a cúram diúil a dhul ar ais go dtí a muintir fhéin ach bhí parúl cráite curtha uirthi gan a ainm fhéin a lua. Bhí cailín óg as Gleann na Bloinige a dtugtaí Siúnac na Seiríní uirthi ag cliúsaíocht le sreamachán piaránaigh a bhíodh ag smúrthacht thart ag foghlaeireacht – agus thabharfá foghail air – agus marar tharla di mar a tharla. Sin é an áit ar dearnadh an bráca di agus dá bharr sin baisteadh Cnocán na Sclítí air.

Bhíodh siad á choinneáil cóirithe, é fhéin agus compánach eile, mar áit tarraingte an bhraoinín. Shuigh siad síos nó gur ith siad greim agus gur ól siad deoch agus bhíodar ag cur an tsaoil thrína chéile idir só agus anó, ádh, mí-ádh agus anachain is tubaistí nó gur bhuail sé buille an dó dhéag ar am mharfach na hoíche. Ní túisce a bhí an dó dhéag bailithe ná d'airigh siad diúin chomhrá mar a bheadh sé ag teacht anuas as an simléar. Rug Mac Phlapa Stróicthe ar ghloine a bhí istigh sa tiachóg agus líon sé í agus shín sé suas í i dtreo an tsimléir í. D'imigh sí as amharc ach ba ghearr nó go dtáinig sí anuas arís. Líonadh arís í agus arís eile, ach an babhta seo tháinig an ghloine anuas bunoscionn agus leag mo dhuine ar leataobh í ar ais sa tiachóg. Dúirt sé le Seáinín gurbh iad na daoine maithe a tháinig ar cuairt chuige agus gur ar thóir deoch a bhíodar, mar go mbíonn siad as cranna cumhachta le dúil i bpoitín. 'Má bhíonn tú flaithiúil leo,' a deir mo dhuine, 'agus an ghnaíúlacht a riaradh leo, caithfidh siad fhéin go maith leat agus beidh luach do shaothair faoi chéad agat.' Dúirt Mac Phlapa Stróicthe gurbh iomaí oíche a chodail sé fhéin sa mbráca nuair a bhíodh sé tar éis iarraidh a chríochnú ná dá séidfeadh an oíche ina síonach air.

Nuair a bhí píosa maith den oíche éalaithe ina bealach fhéin agus stioncán maith scaoilte le fána acu, tháinig an smailcín agus shín siad siar agus níor theastaigh aon bhogadh uathu ach an oiread. Chodail siad ar nós dhá mhaide go ham eadra. D'ith siad greim agus d'ól siad gáilleog eile sul má chuir siad barr sróine amach i bhfuaraíocht na maidne. Nuair a chuir siad a gcloigne amach thar bhruach an bhráca céard a bheadh ina seasamh os a gcomhair amach ach cheithre chuingir gabhair agus pocaide beannach a bhí chomh mór le asal. Ní raibh Seáinín ag fáil bun ná barr ar an scéal ach dúirt Mac Phlapa Stróicthe leis gurbh iad na daoine maithe a bhí go maith dhó as ucht chomh hiomprach agus a bhí sé linn an bhéireiste. Thug Seáinín aghaidh ar an mbaile agus cúl le Cnocán na Sclítí agus bhain Mac Phlapa Stróicthe gealladh dhó cuairt a thabhairt air fhéin taca Lá Fhéile Pádraig. Thug Mac Phlapa Stróicthe trí bhuidéal poitín do Sheáinín ach chuir sé an parúl cráite air é a choinneáil faoi rún. D'fhág siad slán agus thug Seáinín leis na gabhair agus lán a chruite drogaill air agus é ag dul go seireacha sa sneachta.

Ba gearr a bhí déanta acu nuair a thosaigh an pocaide ag druidim isteach leis agus é á chuimilt dá mhása. Faoi dheireadh tháinig cogar i gcluais Sheáinín fáisceadh ar marcaíocht ar an bpocaide. Bhí sé os cionn staidéir nó gur bhuail an smaoineamh faoin seanfhocal é agus a dúirt go mb'fhearr marcaíocht ar ghabhar ná coisíocht dá fheabhas. Ach cén chaoi a mbeadh marcaíocht ar phocaide nach raibh aon cheo ar a dhromán ariamh mara raibh an cleabhar fhéin, níorbh ionann agus an gabhar a bhí briste isteach ar an gcéipreáil. Síos nó suas, bheadh geábh ag Seáinín leis an bpocaide, agus bhí. Ní túisce ar dhroim an phocaide é nuair a d'ardaigh sé leis sna feiriglinnte agus stop ní dhearna sé fhéin ná na gabhair nó go raibh siad ina seasamh os comhair na cloiche ar chuir Seáinín an giorria i dtaisce an tráthnóna roimhe sin, ach bhí an oiread sneachta mórthimpeall na cloiche agus é ina reothalach crua nach raibh tuairim ag Seáinín cá gcuirfeadh sé a lámh. Ach bhí fuascailt a cháis ag an bpocaide nuair a scaird sé sa sneachta nó gur leáigh sé isteach go dtí an giorria. Bhí alltacht ar Sheáinín ach cé a d'aithneodh air é ach é fhéin mara n-aithneodh an pocaide agus a chriú. Shín sé a lámh isteach faoin gcloch agus tharraing sé amach an giorria. An rud ab iontaí ar fad dar le Seáinín ná an giorria a bhí marbh ón tráthnóna roimhe sin agus oíche chrua ghoimhiúil caite faoi chloch ar mhullach cnoic aige a bheith gan strompadh ná seacadh agus é te teolaí fós. Bhuail Seáinín ar a ghualainn é tar éis an drioball a thabhairt ón dúid as agus ar aghaidh leis agus na gabhair amach roimhe tríd an sneachta.

Bhí sé chomh scartha le capall srathraithe faoi mhullach feamainne ag sníomh in aghaidh duirlinge agus bhí an tóin sách scólta aige agus cérbh iontas é tar éis a bheith ar scaradh gabhail ar phocaide corrchnámhach géardhrománach ó bharr Chnocán na Sclítí. Bhí imní ar mhuintir Sheáinín mar gheall ar gur theip air an baile a bhaint amach an oíche roimhe ach nuair a bhí scalach poitín ligthe le fána an tsiúta ba ghearr go raibh an imní ciceáilte as an mbealach.

Sin é eachtra Chnocán na Sclítí focal ar fhocal mar a chuala mise é agus muid ag airneán i dteach an airneáin blianta ó shin, agus más fírinne nó bréag é, áibhéil nó cur i gcéill, idir shúgradh is dáiríre, nó idir eatarthu, mar a deir fear na tufóige, mara bhfóireann sí dhuit ná caith ach do dhóthain di.

Oíche an tSeaca Mhóir

Níl a fhios agam go baileach cén bhliain a bhí ann go díreach ach tá a fhios agam nár tugadh agus nach dtugtar ó shin uirthi ach Bliain an tSeaca Mhóir, agus ní ba leasainm ar bith uirthi é ach oiread. Tá a fhios agam ar aon nós gurbh é Lá Fhéile Stiofáin a thosaigh sé ag sioc d'aon uain amháin gan súil ar bith leis. Ba lá deas cineálta a bhí ann agus ba é an dá mhar a chéile ag an tráthnóna é aniar ina dhiaidh. Bhí builcín bailithe isteach sa teach tábhairne a bhí i gceann an bhaile ag diúgadh piontaí pórtair cois tine mhóna ach nach raibh agus nach mbíodh inti ach an dá smeachóidín ag crádadh i gcrioslach smiochóideach agus luatha. Bhí an oíche á caitheamh agus an chraic chomh lasta agus a bheifeá ag súil leis. Bhí piontaí á líonadh agus á ligean le fána an tsiúta agus corrstéibh d'amhrán á scaoileadh amach ón gcroí.

Bhí an té ba gaire don doras ó thuaidh ag fáil an tseoide isteach faoi íochtar an dorais aniar sna colpaí agus bhí sé ag cur i gcéill dá leathbhádóir go raibh an ghaoth athraithe ó thuaidh i gceard an chruatain agus an tseaca, agus go raibh na spreangaidí ag fáil pleancáilte leis an ngoimh nimheanta a bhí ag teacht faoi íochtair an dorais, mar a bheadh Dia ag rá leo gan craos a dhéanamh, sin nó ag cur cogadh dearg ar an dá smeachóidín a bhí ar an dé deiridh. Cé nach raibh sé i bhfad san oíche fós, thosaigh an brú agus an útamáil agus an ghoimh ag déanamh a bealaigh fhéin trí na daoine agus ag beannú don bhalla ba gaire don tsráid ó dheas.

Tháinig sé cineál gearr go maith ar Mhicil Mór agus b'éigean dhó an tsráid a thabhairt air fhéin le freastal a thabhairt do ghlaoch an nádúir. Ní bhíodh aon áit fuascailte in aon áit faoin tuath ag an am sin ach an ceann a bhíodh sa gcúinne taobh amuigh, agus mara mbeadh i ndán agus go mbeadh cruóg uimhir a dó ar dhuine ní rachadh sé thar an mballa ba gaire dhó. Ní túisce a chuir Micil Mór barr a shróine thar ghiall an dorais ná bhuail an bior géar gaoithe ar an éadan é agus marach an pléascadh pianmhar fuail a bhí air ní ba dóigh an Cháisc ar an Domhnach ná gur casadh aríst a dhéanfadh sé. Ar aghaidh leis díreach ar fhoscadh chlaí na hiothlainne ach cinnte dearfa ní raibh thar an dara craitheadh ann nó go raibh sé istigh aríst agus é ag fógairt móin a chaitheamh síos go beo mar go bpréachfach sé na *Danes* taobh amuigh.

'Deabhal fuacht a bhí ann ar teacht isteach dhúinn,' a deir Tom Sheáin.

'Á,' a deir Micil, 'tá sé ag sioc go gaineamh rua agus má choinníonn sé air ní bheadh aon fhear caoch beo.'

'Beidh, a mh'anam,' a deir Plapa Stróicthe, 'mar nach gcuirfidh an fear caoch a shrón taobh amuigh den doras nó go mbeidh an cruatan thart.'

Cuireadh carnán móna ar an tine agus deasaíodh fúithi agus cartadh uaithi. Ba ghearr go raibh sí ina caor agus an phúir ag déanamh a bealaigh suas i dtreo an phoill deataigh agus amach go héadromán an aeir taobh amuigh.

'Spáráiligí an mhóin,' a deir bean an leanna, 'nach bhfuil a fhios agaibh gurbh é a ceannacht a rinne mé.'

'Tá muide ag ceannacht pórtair freisin,' a deir Gabhal Scartha, 'agus m'anam gurb é an rud is lú dhuit na grabaidí a choinneáil téite againn; gur maith atá tú íoctha air.'

'Ól fuisce mar sin, a chiomach,' a deir bean an leanna, 'agus téifidh sé sin an t-inneall agat agus cuirfidh sé sin cluimhreach ar an gcliabhrach agat. Nach maith an chiall agam fhéin é i mo sheasamh taobh istigh don chabhantar agus gan orm ach an gúinín seo.'

'Ara, cá bhfios dúinne sa deabhal céard atá ort ach m'anam go gcuirfidh mé pingin go bhfuil folacha thairis sin ar an ngráta agus ciomacha na huaire móire faoi na hascaillí agat – sin é anois agat, ós tú fhéin a thosaigh í bíodh do chuid agat dhe.'

Bhíog an tine agus ba ghearr go raibh lasair chroíúil ag teacht uirthi, agus mara raibh sé ag teastáil ó sheandromáin castar leo é. Bhí an oíche á caitheamh le deoch, scéal agus amhrán nó go raibh sé in am dúnadh agus dallóg a tharraingt. Bhuail Siúnac na gCiomacha cnag ar an gcabhantar agus d'fhógair sí de scréach choilgneach, '*Time up, lads! Up* agus bí amuigh.' Ach, mar a deir Plapa Stróicthe, deabhal a raibh thairis sin de challóid ná de ghangaid inti dá mbeadh eolas agat uirthi: ba mheasa a tafann ná a greim. Triomaíodh gloiní, cuimlíodh bruasa agus bealaíodh ioscaidí le bóthar a bhualadh. Fágadh 'Slán' agus 'Feicfidh muid aríst thú' ag Siúnac agus amach leo. Bhí an spéir lasta réaltógach agus an ghaoth a bhí ann bhainfeadh sí an ghraidhp de mhoncaí práis. Ghéaraigh siad ar a gcoiscéim agus dúnadh báiníní agus gach duine acu ina threo fhéin. Bhí cúl gaoithe ag roinnt acu ach an té a raibh air a shrón a chur roimhe in aghaidh an tsíonáin, bhí an braon as a ghob agus an coiricín fliuch.

Nuair a tháinig Seán Réamoinn agus Plapa Stróicthe go ceann an bhóithrín thug Seán cuireadh dhó a theacht leis nó go mbeadh lán béil acu cois teallaigh. Ar ndóigh ní raibh aon chall é a iarraidh an dara huair mar go n-ólfadh sé poitín as seanbhuatais bhréanallasach. Bhuail Seán cnag ar an doras agus é ag puthaíl leis an bhfuacht. D'oscail Ceaite an doras agus d'fháiltigh sí roimh an dís. 'Teannaigí anuas agus déanaigí bhur ngoradh. Tá sibh préachta leis an bhfeannaid.' Chroch sí an citeal ar an lúb agus an lúb ar an gcroich agus ba ghearr nó go raibh an tóin téite aige agus an ghail bhruite ag teacht amach as an ngob. Fuair sí taephota stáinmhiotail agus scól sí é le scaird as gob an chitil. Chuir sí miosúr boise den tae air agus chuir sí greallach faoin tóin aige ar an teallach ar cholbha na leice. Réitigh sí an bord agus, go deimhin, ní gann ná gortach é leis an gceart a rá. Bhí arán, im, bainne agus siúcra ann go fairsing agus plíoma de leiceann muice ar phláta mór a bhí gar do bheith chomh mór le ciseog i lár an bhoird. Shuigh siad chun boird agus thosaigh siad ag stealladh agus ag smalcadh agus de réir mar a chuala mé téadh poll na cluaise ag an leiceann muice nó go raibh scáile a gcuid boilg ar an mballa.

'Deabhal an mbacann bean an tí seo le turcaí ar bith,' a deir Seán, 'is fearr léi an mhuiceoil, tá sí bealaithe agus blasta', agus chuir sé brúcht gaoithe aníos as an ngliúrach calctha.

'Bíodh múineadh ort,' a deir Ceaite, 'a chollaigh mhuice.'

'Ní maith an tsamhail a théas i bhfad, a mhuirnín,' a deir Seán, 'nó nár chuala tú ariamh é? *Wherever you be let the wind go free*.'

'M'anam,' a deir Plapa Stróicthe, 'gur fíor dhuit, a Sheáin, mar gur fairsinge an áit amuigh aici ná an áit istigh.'

'Níl aon mhaith sagart gan cléireach,' a deir Ceaite. 'Fágfaidh mé fúibhse é.' Amach le Ceaite de ghiteagán ar an tsráid agus ní bheadh do phíopa réitithe agat nó go raibh sí ar ais agus staic de bhuidéal breá den bhuachaill glas faoina naprún aici. Leag sí an buidéal ar an mbord agus fuair sí trí cinn de ghloiní agus d'ordaigh sí do Sheán an corc bobáilte cíbe a bhaint as an mbuidéal agus ar chraiceann a chluaise gan aon seamaide a ligean síos ann. Bhí siad ag baint gáilleog amach nó go raibh taobh na bpoll os cionn an bhuidéil agus ní ba taise leo fhéin é ach oiread.

Chuaigh Seán go doras a thí fhéin lena chara agus thóg sé buidéal cáirt poitín dhó le haghaidh na feannaide nimhní a bhí ar a stártha ag réabadh agus a bheadh leanúnach de réir cosúlachta. Nuair a tháinig Seán abhaile choingil sé an tine agus thug sé fhéin agus Ceaite aghaidh ar shráid na bpluideanna agus na gciomacha. Ba ghearr go raibh siad séalaithe amach ag an suan agus an sámhas síoraí go maidin.

Bhí gach sruthlán, sruthán, abhainn, loch agus lochán faoi dhroichead leac oighre ar maidin agus an mhoirt agus an lathach chomh crua le coincréid. Rachadh an ghoimh trí luaith agus bhí marbhleathar agus fuarnimhe ag dul sa mbeocht ag gach beo. Bhí daoine ag guairdeall agus ag siobáil thall agus abhus. Bhí duine ag dul síos bóithrín agus buicéad ina láimh aige agus ascaillín fhéir aige le haghaidh lao nó gamhain a raibh a thóin sa gclaí aige agus barr na gcluasa reoite aige de bharr na feannaide thar oíche agus gan é ach ina thús de réir dealraimh. Fear eile ón iothlainn go scioból ag tarraingt agus ag tarlú chuig asal, bó agus capall. Bhí an dreoilín suite istigh sa mbuntsop agus dioc fuacht uirthi. An dreoilín ar an tairseach ag súil le bogadh síneadh eicínt agus súil aici ar an gcat agus dhá shúil ag an gcat uirthi. Bhí an lon dubh ag pléascadh blaoscáin seilmidí faoin sceach spíonán láimh le céim na hiothlainne. Bhí an smólach agus an chéirseach ag guairdeall go hairdeallach agus ag fuaidreamh go geitealach ar lorg péiste agus solamar dá leithide, ach tá mé ag rá leat go raibh a seacht sáith ar a n-aire. Lonnaigh an ghaoth thoir aduaidh agus níor stop sí oíche ná lá ach ag reo agus ag cur sheaca. Bhí spéir dubhaithe dorcha tar éis cúpla lá mar a bheadh sí ag cruinneáil scráib shneachta ach fós go ndéarfá go raibh sé buille róghéar le tosaí ag cur. Mar sin de ag sioc ar a mhine ghéire nó go raibh crupachaigh craptha agus reanglacháin craiplithe.

Bhí sé chomh damanta sin le fuacht agus feannaid agus nach raibh tine nó teas in ann déileáil le dualgais. Más fíor don seanchas, agus m'anam 'on deabhal nach raibh mórán thart an uair sin air, gur frítheadh seanchúpla eicínt greamaithe dá chéile sa leaba maidin amháin, más fíor é, agus go raibh fear eile ag scaoileadh cnaipe faoi sceach nuair a ghreamaigh a bhróga den talamh agus a threabhsar den sceach agus, mar bharr ar gach mí-ádh, de bharr na moille agus an strachailt mara ndearna téagar na cruóige cnap reoite i mbéal na canáile agus go mb'éigean é a fhágáil sínte ar leac an teallaigh ar feadh dhá oíche agus dhá lá agus a thóin leis an tine le go mbogfaí an meall. Bhí cat le Ceaite Mhór ag dul trasna na sráide agus ag an deabhal go raibh na míoltóga beaga marar sciorr sé agus gur baineadh dhá fhiacail as rud a d'fhág mantach lena shaol é. B'éigean na ba, capaill agus asail a fhágáil taobh istigh de dhoirse ar feadh tréimhse an tseaca mhóir agus b'in tréimhse fhadálach gan bhréig gan mhagadh.

Bhí an spéir ina moirt anois agus déarfá go raibh tórmach an tsneachta gar a bheith déanta, iamh in úmh na riabhaí, braon i mbarr na sine agus an chíoch shneachtach i mbarr riocht pléasctha. Amach taca am dinnéir bhog an ghoimh sheacúil agus thosaigh corrchalóg bhog shneachta ag guairdeall ar fud na spéire mar a bheadh siad ag rince anonn agus anall gan gleo gan torann nó go mbuailfidís talamh. As sin tháinig sé ina ghuairneáil agus ina chaladh agus ba ghearr go raibh braillín gheal sheachta ar an talamh go bun na spéire. Tar éis cúpla uair an chloig ní bheadh a fhios agat ísleán thar ardán ná ardán thar ísleán, agus an luch a d'fhágfadh poll nó an deabhal a d'fhágfadh ifreann bheadh misneach acu.

Bhailigh na druideacha ina scuainí thart faoi na doirse, na céirsigh, na faoileáin agus gach éan dá raibh gob idir a dhá shúil nó drioball os cionn a thónach thart faoi na cocaí tuí agus na somadáin fhéir ar thóir fáitill agus foscaidh. Bhí spideog an bhrollaigh dheirg agus an dreoilín luaineach, glasóg an driobaill luascaigh, an meantán binne agus mar sin de ag coinneáil cuideachta leis an seabhac alpach, agus cé go raibh coimhthíos acu leis, ní raibh de rogha acu ach treabhadh nó tiomáint.

Bhailigh na francaigh agus na luchain isteach as na goirt, as trinsí, tóchair, poill, prochóga, scailpeanna agus draentacha ar thóir gobóg le n-ithe agus dídean. Dá dhonacht dá raibh chuile mhí-ádh ba mheasa an phláigh bhrocach francaigh úd ná aon rud beo. Líon na stáblaí leo, as sin na tithe agus iad ag ithe rompu agus ag salú ina ndiaidh. Ní raibh siad ag fágáil fata ná meacan dár fhéad siad teacht orthu gan sclabhadh agus bearnú. Thosaigh siad ag ithe na gcluasa de na hasail, na crúba de na beithígh agus na driobaill de na muca – fiú amháin deirtear gur thug siad an ubh as tóin na circe; fiú amháin gur scoith siad na círíní dhíobh, rud a d'fhág an coileach bocht go minic go míchompóirteach míshásta agus é ar thóir a ghreama goib. Bhí cuid acu chomh mór le cait agus d'fhág sin gur ag fágáil an bhealaigh uathu, agus de réir dealraimh bhí an cogadh caillte ag na cait agus a dtóin sa stanna. Bhí sé chomh maith dhuit a bheith ag caitheamh siúcra chucu le bheith ag tabhairt nimhe dhóibh. Mar a deir fear amháin, bhánóidís banc. Nuair a cailltí ceann thagadh céad acu ar a shochraid. Bhí faitíos ar na daoine a dhul a chodladh ach ar a seal. Bhíodh daoine ag gabháil de mhaide orthu ach ní raibh aon deireadh leo fiú amháin tanaíochan fhéin.

Bhí fear amháin ag dul go dtí an cró maidin amháin nuair a d'airigh sé an t-aláram istigh agus faitíos air go raibh an tseanbhó criogtha tar éis na hoíche. Nuair a d'oscail sé an doras is beag bídeach nár thit sé i bhfanntais nuair a chonaic sé an carnán francaigh a bhí ansin roimhe. Bhí cuid acu sínte ó chluais go drioball, cuid acu ag guairdeall anonn agus anall ag dul i ndiaidh a mullaigh, cuid acu ina suí ar a gcorraghiob agus iad mar a bheidís ag gabháil fhoinn. Rug sé ar shluasaid agus thosaigh sé ag speireadh nó gur mharaigh sé trí scór acu. Nuair a chaith sé amach an carnán céard a gheobhadh sé ach an buidéal poitín a bhí curtha i bhfolach aige istigh i gcúinne an chró agus gan striog ann. Ní raibh na buidéil phlaisteacha i bhfad tugtha amach ag an am agus, ar ndóigh, thiocfadh na francaigh leath bealaigh go hifreann i ndiaidh plaisteach agus go leac na corónach i ndiaidh poitín. Bhí duifean croí ar mo dhuine bocht le caitheamh i ndiaidh an phoitín agus gan aige ach an ganntan agus an chaolchuid tar éis an chruatain agus na feannaide agus gan aon chosúlacht claochmú.

Is é an faisean a bhíodh ann ag an am sin scaird mhaith poitín a fháil isteach roimh an Nollaig agus na buidéil a shinceáil i gcomhra choirce a bhíodh le balla ins chuile theach an uair sin. Deireadh an seandream nach raibh leath maitheasa sa bpoitín úr tar éis a tharraingte le hais an bhraoin a bhíodh curtha cúpla seachtain sa gcoirce. Bhí nós ag fear an tí muigín puins nó gáilleog as an mbuidéal a ligean siar sa siúta sula dtéadh siad i mbun siobála sa bhfeannaid ghártha agus, ar ndóigh, bhíodh cearc ascaille i gcúinne an stábla le barr slachta a chur ar dheoch na gríosaí faoi rún. Sin é ba chúis le dearmad fhear an tí a bheith ag na francaigh cé go mba tuar báis dhóibh é.

Lean an cruatan agus an síor-reo isteach i mí an Mhárta agus bhí clann na ngob is na gcleití á fháil faoi na físeacha agus iad ag spéiceáil ina gcarnáin. Bhí na sionnaigh ag codladh i gcomhluadar na n-éanlaith clóis, agus an gcreidfeá nach raibh siad ag leagan fiacail orthu de bharr a mbíodh ite acu de na héin eile a bhí ag síneadh leis an bhfuacht, agus nach iad a bhí go sona sásta, te teolaí ó oíche go maidin.

Bhí sé amach i dtús an Aibreáin nuair a tháinig claochmú agus d'athraigh an ghaoth sa bhfarraige. Bhí an chuid is mó den choscairt thart tar éis seachtaine cé is moite de chorrstorrán rite nó barr beanna ach bhí nimh ar an bpréachadh gaoithe anoir aneas. Bhí corrphóicín foscúil fós a raibh an sioc iontu go feirc agus go gaineamh rua. Nuair a bhí deireadh na braillíne báine agus an marbhleathar thart tháinig an díle bháistí. Bí ag caint ar bháisteach más maith leat ach bhí sé siúd as dáta ar fad. Bhí lán muigín ins chuile bhraon agus ní ligfeadh sé luch as poll, má bhí aon luch beo, ná deabhal as ifreann, ar feadh trí lá. Bhí sruthláin lán agus guiléid tachta agus sruthánta agus aibhneacha ag brúchtaíl le teann fórsa na tuile liaga a bhí ag déanamh a bealaigh i dtreo na teiscinne móire ar buile mire. Stop an díle agus tháinig taithneamh beag sa ngrian agus í ar bís le dhul ag sú agus ag diúgadh an fhliucháin as an moirt talúna a bhí chomh dubh agus chomh lom le tóin pota de bharr téarma fada faoi mháistreacht an tseaca, an tsneachta agus an nádúir.

Ceannaí an Pholl Gainimh

Ní raibh tuairim na ngrást ag aon mhac mioscair ná ag aon iníon caillí cárbh as ar tháinig sé go ceann i bhfad. Is é Plapa Stróicthe an chéad duine a chonaic é agus é ag seoladh a chuid beithígh amach ar strapa na tamhnaí go dianmhoch ar maidin. Is é an gliobachán asail a thug sé faoi deara ar dtús.

Bhí sé ansiúd ceanglaithe le píosa téide de lorgán de sceach aitinn. Bhí cuma an ocrais air agus bhí an mheatacht agus an truailleachas roinnte go fial leis. Bhí a chorróga chomh géar agus dá gcaithfeá do chóta le ceann acu go bhfanfadh sé ar crochadh air gan dua. Bhí seang muiníl air nach raibh in ann an pastae cloiginn a bhí air a choinneáil in airde rud a d'fhag a smut leagtha ar an tulán. Bhí glib fhada stoithneach air agus corrléasán maith nochta ann anseo agus ansiúd de bharr síorscríobadh míola agus sciortáin tar éis chrácamas agus anachain an gheimhridh dár théaltaigh thart. Bhí marc i lár a dhroma a bhí gaibhte in óras agus gach re screabh agus poll inti óna chairín, nó ón áit ar cheart cairín a bheith, amach go casadh na croise ar a ghuaillí, agus an chruimh agus an mhíoltóg i bpáirt le chéile ag an bhfíniú agus an diúgadh brocamais. Bhí an cábla téide fáiscthe timpeall na scóige ag an mbeithíoch bocht agus trinse gearrtha go domhain taobh thiar dá chopóga cluasa. Ba díol trua an beithíoch bocht ach b'fhada uaidh an giolla sin.

Bhí sparabail chrúba ghágacha spágacha air agus iad ag déanamh chuile iarracht ar shúilfhéachaint a thabhairt ar na spéartha neimhe agus seacht gcor iontu. Bhí a dhrioball ina shlat ceid gan liobar air ach é feidheartha feannta go bealach éalaithe na gcnapán. Maidir le scothach nó moing, ag fear feasa a bheadh fios cár fhág sé iad. An beithíoch bocht, fiú amháin an chrois fhéin bhí sí fágtha ina dhiaidh aige in áit eicínt, agus an té a déarfadh liom nár thit sé fúithi ní chreidfinn é. Nár thit Mac Dé fhéin fúithi agus gan í ach caite ar a ghualainn tamall de lá agus bhí sé ráite go raibh sé láidir, moladh go deo leis; ach an t-asailín bocht a bhí buailte ag maide mór tromchinn an tsaoil, cén seans a bheadh aige le ocras agus truailleachas. Bhí sé ansiúd ina cheirbíneach truaillí agus marach gur asal beag bán a bhí ann chuirfeadh Plapa Stróicthe, beannacht Dé le hanam Phádraic Ó Conaire, nuair a tháinig an t-asal beag dubh isteach ina intinn, agus shoraidh dhó nár chuir, cá mbeadh a chaillteanas.

De réir mar a bhí Plapa Stróicthe ag teannadh níos gaire dhó bhí a chaipín iomptha siar air, nó soir b'fhéidir, nó ó thuaidh nó ó dheas, braitheann sé cén taobh nó treo ina raibh sé fhéin iontaithe, agus an tsúil cocáilte aige air ag iarraidh a chinntiú ar fireann, baineann, ceann coillte nó iompraitheoir máiléidí a bhí ann. B'fhurasta aithne ón taobh thiar ar dhruidim in aice leis nárbh aon bhriotóir é, mar an feanntóir nocht driobaill a bhí ar sliobarna as a chadairne ní raibh folach briota na fríde fhéin ann. Sách suarach, a deir tú. Fireannach de ghrád eicínt a bhí ann, mar sin, ach ní fheicfeá an féileach aige le ceannradharcán a bhí slogtha sa gcás bléanach. Níor mhór dhó teannadh níos gaire dhó le téagar an mhaingín a scrúdú. Mar a chuirfeadh Dia nó an deabhal cogar i gcluais an asail bhocht marar scar sé amach na camóga deiridh. D'ísligh sé an leath deiridh agus rinne sé iarracht streall a bhaint as an tslat bhoilg. Shín sé amach an leithscéilín de dhriobaillín agus d'éalaigh cúpla ruagán uaidh sul má tháinig an tál. Chuaigh Plapa Stróicthe ar a leathghlúin le go mbeadh deis aige súil a thabhairt ar an spaigín ó bhí an scaradh gabhail faoi lán tseoil, ach ní túisce amhlaidh é ná chuaigh cipín bun fraoigh amach de shiotán le poll a chluaise le forneart ruagán eile agus an t-ádh dearg air nár aimsigh sé an tsúil aige agus Páidín Mháire déanta dhe. Leis an ngeit a baineadh as mo dhuine bocht cuireadh siar ar shlatracha a dhroma é i bpráib scruaige, agus leis an útamáil agus an rúpáil agus fothramán, mionnaí móra agus mallachtaí, ar éirí dhó bhí a bhraoinín téaltaithe ón asal agus na hioscaidí buailte ar a chéile chomh dlúth agus go raibh taisce ar an taisceadán, má thuigeann tú leat mé.

Ní raibh Plapa Stróicthe i bhfad bailithe thar an asal nuair a thug sé faoi deara sórt campa curtha suas in aghaidh cholbha an pholl gainimh, déanta as canbhás agus píosa de sheol báid. Bhí seanchairtín asail amach píosa ón gcampa agus chuile chineál iarmhaise caite isteach ann. Bhí súil abhus agus súil thall ag mo dhuine agus é ag seoladh na mbeithígh roimhe ach deabhal mac mioscair a bhí le feiceáil ag corraí. Deabhal deich slata eile a bhí siúlta aige nuair a chonaic sé istigh i sáinn bruaiche an buíocán bealaithe agus gan snáth air ach giobal de sheanléine agus a thóin le talamh aige agus, mar a deireadh an tseanbhean fadó leis an gcat nuair a bhíodh sé ag déanamh graithí gan iarraidh faoin drisiúr, é ag stróiceadh an cheaileacó.

'Mallacht mo sheanhata ort,' a deir Plapa bocht agus sróinín curtha aige air fhéin in aghaidh na hanachaine le ordóg agus braitheadóir, 'agus nár thuga tú do lámh glan ó do thóin ná do thóin slán ó na driseacha marar gann a chuaigh áit *tip*eáil ort, a bhrocais thuataigh.'

Bhí brath ann agus brath as ag mo dhuine bocht an cáimín altach draighin a shíneadh ar an gcaoldroim ag an gceannaí agus cor sníomháin a chur ann le buille ach nuair a dhearc sé go grinn air agus a chonaic sé a cholainnín truaillí, ghlac trua dhó é agus níor bhac sé leis. Mar a deireadh sé fhéin arís agus é ag aithris an scéil, 'Bhí sé ansiúd agus gan snáth air ach an beagán, gan samhail ar bith ag a chuid sórt ceathrúna ach ceathrúna lon dubh. Go mba slán an tsamhail ag an lon dubh é. Ní raibh scioltar ar a chonablach, a bhí nochta go buartha. Bhí na hailt a bhí i gcnáimhín a dhroma amach tríd an gcraiceann gearbach suas go bosa na slinneán. Bhí an dá ghéigín de dhá láimhín a bhí i bhfastó ar éigean os cionn na n-ascaillí ar a chreatlach sínte amach uaidh agus greim an fhir bháite aige ar dhá dhosán fraoigh. Bhí sé ag ísliú agus ag ardú gach re seal agus fórsa dícheallach aige á chur air fhéin agus go dtabharfá an leabhar gur ag iarraidh gráinneog a bhreith a bhí mo dhuine bocht ach, mar a deir Plapa, 'Ní bhéarfadh sé *match*.' Faoi dheireadh agus faoi dheoidh thug sé an dosán as an tulán agus caitheadh siar i ndiaidh a thónach é ar nós an ghliomaigh, agus ag an deabhal go raibh na míoltóga beaga mara ndeachaigh spiacán sa tóin aige go feirc. Chuir sé sian an bhainbh choillte as agus rinne sé móriarracht ar díriú aniar ach, mo léan, is amhlaidh a tuairteáladh é agus buaileadh faoin tulán é. 'Fan sa deabhal ansin,' a deir Plapa, 'agus luí gan éirí agat, a bhuinneacháin', agus ar aghaidh leis ina bhealach fhéin.

Ar a bhealach síos do Phlapa thar an gclais ghainimh, nó an poll gainimh mar ba ghnách a thabhairt air, thug sé faoi deara cloigeann stoithneach amach as an gcampa, agus de bharr stoithneacht agus crosaíl ba deacair a shamhlú ar fear nó bean a bhí ann. Mar a deir an ceann eile, ar fear nó bean a bhí in Muinice? Idir seo agus siúd frítheadh amach cárbh as don cheannaí agus céard ba chúis le é bheith ar fán agus seachrán an tsaoil. Danny Doyle an t-ainm agus an sloinne a bhí air, ach Balls McHugh an leasainm a bhí air. B'as áit an-iargúlta go deo é a dtugtaí Briota na Caillí air. Ba é Tóin na Mná Críonna an áit ba gaire do Bhriota na Caillí, agus cé nach raibh siad chomh fada sin óna chéile ní raibh cur isteach ná amach mór acu ar a chéile. Tógadh go maith é i dtús a shaoil, mar deabhal easpa nó ganntan a bhí ariamh ar a mhuintir ná aon duine ariamh in ascaill tamhnaí. Bhí cimín, cnoc agus gleann acu agus eallach agus caoirigh go fairsing acu ag iníor ar fud na réimsí ó cheann ceann. Ní raibh fuacht ná leisce ar mhuintir Danny cé nach mórán cur ná fuirseadh a rinne siad ariamh i ngort ná i ngarraí, in iothlainn ná i gceapach. Níor chreid siad ariamh sa rúpáil ná san anró, mar nach raibh aon chall dhóibh leis cé is moite de ghlac mhóna. Bhíodh suas le scór bullán agus seascacha acu le haghaidh aonach na Bealtaine gach bliain agus an phingin is airde le fáil orthu i gcónaí, mar bhíodar den scoth leis an gceart. Bhíodh suas le céad uan agus uascán acu le haghaidh aonach an Iúil agus go deimhin má bhí fhéin ní ba náireach dhóibh iad; ní ba grifisc a bhí iontu. Ba iad an dá aonach sin an dá chloch ba mhó ar an bpaidrín acu ní nach ionadh.

Ba é Danny an duine ab óige de sheisear clainne. Craitheadh an tsacáin, mar a déarfá, agus an t-aon mhac amháin chomh maith. Ó ba ceann deireadh líne a bhí ann agus an putach deiridh chomh maith agus an ceann ba gaire dhó roimhe sin ag déanamh na chéad chomaoineach, ba laoidín seanbhó ceart a bhí ann, agus bhí a shliocht air. Bhí an mháthair bailithe leath aimsire sul má ligfeadh sí ina gaobhar go raibh sí torrach agus í ag iompar. Bhí dinglis ag teacht ina brollach agus an tseanchíoch a bhí tite le fána agus ag dearcadh go seargthach síos ar na bairbíní le blianta ag ritheachan agus ag déanamh ar loinnir na gréine aríst den uair dheiridh go mórtasach. Ní mórán ríméid a bhí uirthi roimh an toirtín agus í fhéin ar a stálaíocht ó rugadh Nóirín.

Nuair a chuala an seanbhuachaill go raibh sí ag súil, las sé le gliondar agus ríméad agus an dá shúil le Dia aige go mbeadh pataire mic aici an geábh seo agus nach ceann mar chuile cheann a bheadh ann, mar a deir sé fhéin leis an sagart nuair a rugadh Nóirín. Bhí sé ceart: bhí an pataire mic aici an babhta seo. Ní raibh oiread áimeán sa bpataire nuair a saolaíodh é – más beag nó mór a bhí áimeán ag an am – agus ní gá a rá nár theastaigh an *tow rope*. Sáite síos i stoca olna a bhíodh Danny Boy ar feadh na chéad trí mhí dá shaol agus é leagtha isteach sa tiachóg chlúideach, san áit a mbíodh an clog agus bosca an tae leagtha taobh amuigh dhe, in áinéar an chait, go dtarrthaí Dia sin.

Ní mórán goile a bhí aige agus ba mhaith an scéal nach raibh, mar nach mórán solamair a bhí le fáil aige sna seanchíocha slabhctha a raibh *tug o' war* déanta dhíobh ag an mbruscar a tháinig roimhe go mórmhór ag Nóirín nár coisceadh nó gur ghránna sí fhéin ar an tslabáil. Bhí sé ag súmáil leis chomh maith agus a bhí ina riocht. De réir a chéile thosaigh sé ag scinneadh amach agus ag teacht i neart agus in iúid agus go deimhin bhí sé ag fáil aire an ghloine chriostail. De réir a chéile bhí an pheataireacht á riar go flaithiúil leis agus go deimhin níorbh fhearrde é sin dhó amach anseo. Bhí sé ag fás aníos ina pheata goirgeach, cantalach, oilbhéasach agus b'fhurasta aithne air go mba mhaith an t-údar abhlóra é amach anseo. Bhí na cailíní ag imirciú de réir mar bhí siad ag teacht in éifeacht nó nach raibh fágtha ach Nóirín agus Danny.

Ní raibh an bheirt acu ag baint ceart ná cóir as a chéile, seal ag crúcáil, seal ag ciceáil, seal ag baoiteáil agus ag smugairleacht, agus faoi dheireadh thiar thosaíodh an phléatáil agus an greadadh nó go mbíodh fuil ar smuit agus malaí gearrtha nó go dtagadh an réiteoir, agus go deimhin ba i bhfabhar Danny a bhíodh sé go minic. B'fhada le Nóirín nó go bhféadfadh sí bailiú léi ar imirce as bealach an bhruacháinín ghoirgigh in áit eicínt a mbeadh suaimhneas agus compóirt aici i gcéin ó Bhriota na Caillí.

Bhí Danny ag neartú agus ag treisiú in aghaidh an lae agus colg nimhe agus cantail air gan maith ná maoin. Ní iompódh sé ar a chois dá athair ná dá mháthair ach ag codladh go ham eadra agus ag rífeáil leis ó phosta go piléar. Bhí an seanchúpla ag dul in aois agus in ísle brí agus cé gurbh é mian croí an tseanbhuachalla a bheith ag tarraingt an bhraoinín san ísleán b'éigean dhó a chuid gléis a bhailiú i dtoll a chéile agus iad a chur ar chóir shábhála ar an lota in áit a mbíodh na mná ag cur na bhfir le haghaidh na luchain a choinneáil as na heangacha.

Ní raibh déantús maitheasa ar bith in Danny Boy cé go raibh sé ina scrománach d'fhear dalba. Cé go raibh dúil anama aige sa mbraon crua, ní ligfeadh an leisce dhó braon a tharraingt. D'fhaigheadh an seanchúpla corrghalún isteach ó Thóin na Mná Críonna áit a raibh sé á dhéanamh go fairsing ag an am. Bhí croí a mhuintire briste agus gan foras ná samhaoin ag baint leis an liúdramán spreangaideach de mhac a bhí tógtha acu, gan de luach saothair ná d'aisíoc acu dá bharr ach aicís agus gangaid. Ba ghearr go raibh an t-athair ó shiúl an bhealaigh, na cosa ag lúbadh faoi, na hioscaidí ag stobarnú agus ag pléascadh agus a smig beagnach leagtha ar a imleacán. Ba léir ón dath bánlíoch a bhí air, na súile slogtha siar ina chloigeann agus na cluasa ligthe le fána aige gur gearr go mbeadh sé i ndeireadh na preibe. Seachtain go díreach ó fuair sé taom briseadh croí nó gur speiceáil sé. Ní mórán a chaoin Danny ina dhiadh ach a dhá láimh ina phócaí aige agus a chloigeann san aer aige agus 'Tá a fhios agam é' le gach duine a chásódh a bhris leis, más bris dhó é. Thosaigh an tseanbhean ag coinneáil na leapan go haibéil ina dhiaidh sin agus bhí sí ag ídiú agus ag lagachan in aghaidh an lae. Ba ghearr go raibh sí in ísle brí agus gan í in ann tada a chur ar a son fhéin ach ag síoréagaoin. Is minic a bhí an braon fúithi agus ocras uirthi agus gan mórán trua á dhéanamh di. Trí mhí a bhí idir bás na beirte, agus fágadh Danny leis fhéin.

Ní raibh a fhios aige go dtí sin céard ab fhiú athair ná máthair nó go raibh sé dá bhfuireasa agus cérbh bheag dhó a thúisce. Bhí sé fágtha leis fhéin ar fhorrach tamhnaí agus ba ar éigean a bhí sé in ann a bhéile a réiteach don chat go fiú is dá ndéanfadh sé iarracht fhéin, ní áirim greim a réiteach dhó fhéin. Chuaigh sé le ól agus ragairne agus ba dhá mhar a chéile dhó an ball séire agus a ghiolla. Bhain sé iarracht as déantús an phoitín: fuair sé tuirseach den chrácamas agus den fhoirneáil agus d'fhág sin a streall gan tairbhe – fual gearráin a thugadh na *boys* air.

Rinne sí suas le cailín óg tíomhasach as Scailp Thónach na Mná Críonna agus bhí a muintir le ceangal nuair a thosaigh siad ag caint ar phósadh. Chuireadar glan ina choinne agus bhíodh 'Scaoil amach mo mhullach' sa gcampa go minic. Faoi dheireadh rinne siad suas eatarthu go ndéarfadh Siúnac lena máthair go raibh scéal le n-aithris aici di nár mhaith léi a phlúchadh ach ar chraiceann a cluaise gan é a inseacht do Dheaide. Bhí bís ar an máthair agus cén mháthair nach mbeadh nó go bhfaigheadh sí amach an scéilín. Chuaigh sí i gcomhar lena máthair agus bhí hob ann agus hob as aici mar dhea an scéal a inseacht.

'Amach leis, a Shiúnac,' a deir an mháthair.

'Ach ní inseoidh tú do Dheaide é?' a deir Siúnac agus spriocht chaointe uirthi.

Níor dhúirt an mháthair go n-inseodh nó nach n-inseodh, mar mara bhfaigheadh sí siúd ach dhá mhíoltóg ag plioncadh ar chlupaide hata an tsagairt chaithfeadh sí é bheith ina thús scéil aici do Dheaide.

'Tá mé leagtha suas, a Mhama, ach ná hinis do Dheaide é ach caithfidh mé pósadh.'

Tharraing an seanchailín bosca snaoisín as an bpóca gabhlach a bhí ar a cóta cabhlach agus líon sí na polláirí agus tar éis seal ag snaofairt, seal ag ruagántacht agus seal ag baoiteáil, labhair sí.

'An bhfuil tú á rá liom go bhfuil tú . . .'

'Tá sé ráite agam go bhfuil mé . . .'

'Cé hé an bradachán gan náire nach raibh aon bhlas le déanamh ach é a choilleadh.'

'Danny bocht, a Mhama, agus dá mbeadh sé ina ghabhal gan geir agus muid pósta nach mbeadh an scéal níos measa agus b'fhéidir colscaradh a bheith againn.'

'Go scara an deabhal na madraí, dá mbeifeá gan scaradh ó thús ní bheadh an scéal mar atá sé. Is mó caint atá ar an scaradh ar an aimsir seo ná ar an bpaidrín páirteach.'

'Is dóigh nár scar tú fhéin ariamh, ar fhaitíos go gcloisfeadh Deaide é. Bhí an t-ádh libh an uair sin: bhí gasúir ag titim anuas ó na flaithis agus ag dul i bhfolach faoi na dosanna gabáiste, agus an té a mbeadh an t-ádh air agus a bheith amuigh in am tar éis múr páistí a chaitheamh gheobhadh sé páiste faoi dhos gabáiste. Ach caithfear bealach eile ar fad a aimsiú le páiste a fháil ó stop chuile dhuine ó bheith ag cur gabáiste.'

Nuair a chuala an seanleaid go raibh Siúnac prioctha, deabhal mórán a mbeadh fonn air a dhul á cheangal. Bhí sí bunáite ina scail bhlaoisce ar dtús air ach chuaigh sé ar réchúis faoi dheireadh agus d'fhuaraigh sé sa gcraiceann ar théigh sé. B'fhearr leis a bheith i ngreim buailteáin sa deabhal fhéin ná crú scoite a bheith ar an teallach aige. Stop sé ó bheith ag caint le Siúnac, ach nuair a bhíodh sé ina shuí istigh san oíche agus cúpla súmóg ólta aige, thosaíodh sé ag gabháil fhoinn dhó fhéin agus é ag iarraidh múisiam a chur ar Shiúnac:

'Come all ye lovely lassies and take advice from me,
Never let the gamey boy an inch above your knee,
Or if you do who will pity you, *a stór mo chroí*,
With your bundle of a baby dangling on your knee.'

'Dá mbeadh a fhios aige, muise,' a deireadh Siúnac, 'agus muide sna ceirteacha', agus ba mar sin di. Rinneadh socrú cleamhnais agus pósadh ach bhí an cat crochta idir an dá dhream ní ba mhó. Rinneadh an beart agus bhí an cluiche thart agus d'imigh lá, bliain agus ráithe agus ní raibh aon mhaith déanta, mar bhí Siúnac chomh seasc le cearc ghoir agus Danny ag cailleadh meáchain, an duine bocht. Ní raibh rudaí ag imeacht an-mhaith chor ar bith i mBriota na Caillí agus bhí Danny de shíor ag lochtú na hithreach, agus m'anam nach ba le Siúnac ab fhaillí é nuair a thugadh sí Gabhal gan Geir ar ais air. Is minic a d'fhaigheadh sí fothramán de na bróga mar luach saothair ach, ar ndóigh, níor chuir na bróga gasúir in aon bhean ariamh pé ar bith faoina mbaint astu.

Ní raibh lá sonais orthu ón lá ar phós siad pé ar bith cén smál a thit orthu: ól, codladh, agus ragairne – trí nithe gan mórán buachtáil. An méid nár cailleadh den stoc orthu díoladh iad, ach lean scaipeadh chúr na habhann é. Thit an seanteachín agus ní raibh fágtha faoi dheireadh ach an seanasal agus an cairrín agus burla ciomacha. Thug siad cúl go dubhrónach le Bun an Bhriota agus aghaidh ar an bpoll gainimh.

Ag dul ag baint rópa cíbe a bhí Plásán le moch maidne nuair a chonaic sé an cholainn ban ag déanamh air ina craiceann lomnocht agus Danny Boy ag teacht ina sheanrith ina diaidh agus é ag fógairt ar mo dhuine seasamh roimpi. Bhí cineál leisce ar dtús ar Phlásán cur chuici ná uaithi, mar ariamh ina shaol roimhe ní fhaca sé a leithide de phictiúr – ar ndóigh cé a d'fheicfeadh, ní raibh aon tásc ar aon teilifís ná ar na páipéir ghalánta ghreanta atá ar fáil inniu atá daite le pictiúir shuntasacha. Bhíodh sé fhéin ag rá aríst go raibh sé ag ceapadh ar dtús gurbh é Caoilte Mac Rónáin agus Caol an Iarainn a bhí éirithe ó mhairbh agus a bhí ag cur a gcuid peiríocha dhíobh le moch maidine. D'éirigh le Danny a theacht suas léi agus í a bhualadh faoi i láithreán fraoigh sul má shroich Plásán iad. Bhí sé ag tabhairt na n-uillinneacha agus na nglúine di gach re seal. Caint ar Bhroimín Stadhan: ag ísliú agus ag ardú, thíos seal thuas seal agus é ag uallfairt i mbun a bhionda. 'Cinnfidh tú orm. Cinnfidh tú orm.' Ní raibh gair ná gaobhar ag Stail Fleisc air ach nach raibh ina dhiaidh eisean ach glogair cé go raibh an chosúlacht ann, a deir Plásán.

Sheas Plásán amach ar a n-aghaidh tamaillín agus thosaigh sé fhéin ag fáil meidhreach.

'B'fhéidir go dteastódh lámh uait,' a deir Plásán, 'má tá sí ag cinniúint ort.'

'*Frig*eáil leat,' a deir an ceannaí, 'ní hé an chéad uair agam é ag éirí i ndiallait.'

Bhí Siúnac bhocht an uair sin ag tabhairt ba bodhra as coillte ag sianaíl mar a bheadh coinín a mbeadh easóg fáiscthe taobh thiar air agus é ag dul don bhaile mór air. Deabhal blas a rinne Plásán ach priocadh den chorrán a thabhairt sa tóin don cheannaí agus tá mise á rá leat nach raibh sé i bhfad ag éirí agus á thabhairt faoin dromán. Bhí deireadh le teaspach.

D'imigh Siúnac suas an bóthar agus í faoi scríobacha agus mairceanna ar nós duine a bheadh tar éis sciúrsáil lasc chat na naoi ndriobaill a fháil agus b'fhurasta a dóthain rith a thabhairt di agus í chomh scartha le capall srathraithe, an bhean bhocht. Bhí sé ina aimsir idir an bheirt ach ní chuirfeadh an deabhal faitíos ar Phlásán, agus go mórmhór agus an corrán aige.

'Chuir tú as mo bhuille mé,' a deir an ceannaí agus colg air.

'Ní buille mór é do sheaniarracht, a chuimleacháin,' a deir Plásán. 'Ar ndóigh níl aon samhail ag do bhall súgartha ach seilmide ladhrach agus ní bheidh sé sin fhéin agat mara mbuailfidh tú bóthar, a sheanstail nó a leathstail nó a ghearráin nó a bholstaic', agus chroch sé an corrán. Rith an ceannaí sna feiriglinnte agus a chaipín iontaithe siar air, bíodh sé ag feadaíl nó ná bíodh. Ní cheapfainn go raibh. Chuaigh Plásán ina bhealach fhéin agus céard a déarfá marar thosaigh sé ag cumadh stéibh:

'Chonaic mé asail séasúr an ragúis,
Agus ghabhfadh siad ar scaradh ar an rásúr,
Ach níor chreideas is níor mheasas, a cheannaí ná bacach,
Go bhféadfadh an rúmpas seo tarlú;
Ach nuair a bhuail an scail é faoin seanseol sa gcampa,
Shíl sé a dhul i mbradaíl an t-am sin,
Ní raibh ach dhá orlach is brabach in *doodle* an cheannaí,
Is nach trua Mhuire an bhean atá i ngrá leis.'

Bhí tuilleadh ann, muis, ach tá sé dearmadta agam cheal a bheith á chloisteáil sách minic. Ar bhealach ní amhrán airneáin a bhí ann. Tá a fhios agat fhéin an chuid eile.

Nuair a leaindeáil an ceannaí bhí cúpla giobal tarraingthe ag Siúnac uirthi fhéin, an sean-nós a bhí ann ag an am gan gad brollaigh ná fáisceán ach an srathrú Gaelach. Chuaigh Danny go dtí an tulán mar ba ghnáth agus rinne sé a ghraithí sul má chuaigh sé fhéin sa seomra feistis. Tar éis na túnáiste agus an rabharta sliseála a bhí faighte acu bhí dearmad déanta aici air. Bhí sí ina scearachán ansiúd os a chomhair amach agus ceaintín cáirt uisce á fhiuchadh acu ar ghreallach tine chlochmhóna de shaothar seachas saothar an cheannaí. Nuair a bhí scaird tae ólta acu a bhí chomh láidir le fual gearráin, daba de cháca bácúis a bhí sciobtha de bhun fuinneoige síos faoin mbaile agus péire uibheacha lachan scaoilte síos le fána an tsiúta, tháinig smailcín.

Luigh siad faoi spéir phlúiríneach na maidine, mar nuair a bhíonn an bolg lán is mian leis an gcnámh síneadh nó searradh. Bhí néal codlata ag teacht ar Shiúnac ach thosaigh Danny Boy ag cur gleann sa dromán arís, ach i ngeall ar fhear an chorráin bhí cineál scáth air drannadh le díog na gcleas mar níor mhaith leis go dtarlódh aon taisme do phágán bocht dá dhonacht é. Thosaigh sé ag rá 'An Spailpín Fánach' ach sách mantach: 'Chraithfinn an síol faoi dhó san earrach in éadan taltaí bána?' Dúirt sé an líne chéanna seacht n-uaire déag ar a laghad agus bhí Siúnac fíor-*fed up* ag éisteacht leis ar an nóta céanna i gcónaí agus chuir sí fhéin véarsa i ndiaidh a chéile agus m'anam nach raibh aon chaill uirthi ach an oiread:

'Muise, tá tú á chraitheadh ó chuir mé aithne ort,
Is bhí ithreach thorthúil faighte agat,
Ach gurb é do ghearr*doodle* a d'fhága seasc muid,
Go síoraí ag gréasáil másaí.'

'Muise *sorry*, a *darling*,' a deir sé, 'ach is é an trua nach mbeadh ceannacht orthu.'

D'iompaigh sí anall leis agus chuir sí lámh thart. 'Seo, a Danny,' a deir sí, 'dá gcraithfeá arís é. Seo é an t-earrach.'

Rinne na comharsanaí teálta ní b'fhearr dhóibh as díon cró since agus scraitheacha os a gcionn agus simléirín beag agus poll deataigh tríd an díon. Thosaigh sé ag imeacht ó theach go teach faoi dheireadh ag cuardach fionnaidh, mar bhí an-éileamh ar an bhfionnadh agus ar chlúmhach ag an am. Bhí sé ag bailiú slámanna móra fionnaidh agus seanleapacha clúmhaigh agus é ag déanamh corrphunt maith astu. Bhí *tannery* nó teach buailte craicinn i nGaillimh ag an am agus bhí sé ag dul an-chrua go deo orthu leath a ndóthain craicinn a fháil, agus nuair a chuala mo dhuine faoi chuaigh sé thart ó theach go teach ag cur a bhionda amach ag cuartú craicinn. Bhíodh go leor Gaeilgeoirí thart ag am, agus fear tí ar bith a bhíodh á gcoinneáil sin b'iondúil go mbíodh bás corrchaora ar a bhformhór, rud a d'fhág an ceannaí ar a stártha ag tarraingt chraicinn go teach nó stór an chraicinn sa mbaile mór.

Cailleadh an t-asal air agus cheannaigh sé capaillín. Ach ní róchompóirteach a bhí an capaillín mar go raibh sí cineál scáfar agus bhí díol an deabhail air í a bhriseadh isteach agus í a thraenáil ceart. Bhí sí giongach dingliseach agus ní raibh sé an-éasca marcaíocht a chur inti, ach nach amhlaidh a bhíonn bunáite gach láirín óg ar dtús, ach é sin a mhíniú don cheannaí: bhí sé chomh maith dhuit a bheith ag tóraíocht dreancaid i gclais ghainimh. Moladh dhó í a chuimilt sna hascaillí agus siar faoina cuid bleántracha ach, mo léan, nuair a théadh an chrúib faoin mbléin aici, speachadh sí agus chuachach go maolchluasach. Ach le cúnamh agus dea-chomharsanacht frítheadh an cheannaireacht agus an ceansú uirthi agus bhí sí ceochánta go maith. Bhí sé in ann dhá aistir a dhéanamh don bhaile mór leis an gcapaillín in ionad aistir mhaolscríobach thámáilte amháin leis an asal ó dhubh go dubh.

Bhí rudaí fabhrach go leor leis an gceannaí ar feadh shéasúr na nGaeilgeoirí mar bhí fairsinge craicinn agus olann bhriste le fáil aige an fhad agus a bhí siad timpeall. Fuair an fionnadh fhéin gann mar go raibh roinnt mhaith daoine ag éirí as tógáil capall. Na corrbhurla fhéin a bhíodh anseo nó ansiúd, bhídís ionlaithe le fionnadh bó, agus an t-asal a mbíodh ruaigeadh an chleabhair ag fás as a thóin bhí sé bearrtha go dúid agus *biro* déanta de chnáimh an luascáin.

Bhí rudaí ag dul rite go leor anois leis an gceannaí, agus céard a déarfá leis an deabhal marar thosaigh sé ag marú caorach a bhí go fairsing ar na sléibhte ag an am agus is fada gur tugadh aon cheann ar iarraidh. Mharaíodh sé an chaora de shiúl oíche agus d'fheannadh sé í. Chuireadh sé an fheoil ina píosaí síos i bportach dearglaoich áit a choinníodh úr í go ceann fada mar b'in é an cuisneoir a bhí ann san am. Thugadh sé an craiceann don bhaile mór – mar sin bhí an craiceann agus a luach aige mar a d'oir sé dhó. Nuair a thit rudaí as a chéile ceart b'éigean dhó an capall a dhíol agus deireadh a chur le trádáil an fhionnaidh agus an chraicinn agus ní mórán fálróid a bhíodh sé a dhéanamh ach ag máinneáil síos suas agus thart ar an gcampa. Nuair a bhí deireadh na feola ite aige fhéin agus ag Siúnac agus na caoirigh tugtha anuas de na cnoic go híochtar baile i gcomhair an gheimhridh, bhí a thóin sa stanna. Frítheadh roinnt caoirigh ar iarraidh nuair a bailíodh ina chéile iad agus thug roinnt daoine na cnoic amach orthu ag cuartú íseal agus ard ar na caoirigh a bhí ar imeacht gan tuairisc, ach shábháil Dia nó an deabhal an ceannaí ó bhreithiúnas báis.

B'fhada ón teach mór an scioból ag an gceannaí é agus ní raibh aige ach an cladach a thabhairt air fhéin lena bhuicéad agus a mhiodach ag sceanadh bairnigh. Ní raibh aon mheabhair mhór acu ar chócaireacht bairnigh, agus nuair a bhíodh fiuchadh faighte acu agus an sliogán fágtha acu, thosaíodh siad ag slogadh, agus ó bhí Danny bocht mantach ní raibh aon chaint ar aon changailt. Ar ndóigh, bhí trácht ariamh ar shú bairnigh le haghaidh leigheas cruachan colna agus bhí sé ráite dá mbeadh sé ina leac bácáilte go ndéanfadh an sú fhéin fuip chóiste de, agus an té a mbeadh urchar díreach aige sa gcúlghléas go n-aimseodh sé cró snáthaide leis. Chuala muid caint ariamh ar Scuaid ar Chnocán ach níor chuala muid cé hé ach bhí sé damanta ar fad nó ní choinneodh sé coinneal don cheannaí tar éis dhó a bheith seachtain ar an mbairneach.

Bhí tulán nó cnocán amach ó bhéal dorais an bhráicín agus is air sin a bhíodh a thriall ar an gcruóg agus go mba slán an tsamhail ag an gcat bocht é nuair a bhuailfeadh táirim í ag stróiceadh ceaileacó. Ba ghearr nó gur thosaigh faoileáin ag luainiú agus ag lonnú thart faoin gcnocán agus iad ag piocadh na súl as a chéile ar bís ag solamar mar go raibh dúluachair an gheimhridh á gcrá agus á gcrácáil. Níor tugadh aon ainm ó shin ar an tulán ach Tulán na mBairnigh cé gur mhinic a d'ardaíodh Plásán a ghlór cois cabhantair agus deireadh sé gur chóra Tulán na Buinní a thabhairt air ná Tulán na mBairnigh.

Nuair a bhí cruatan agus goirg an gheimhridh thart agus nádúr an earraigh ag teacht, bhioraigh sé na cluasa aríst agus thainig goin bheag ann agus cheap sé gur airigh sé an braon a bhí leathstromptha ina chuisle ar feadh an gheimhridh ag téaltú trína cholainn bhuartha. Cé go raibh an t-earrach ar ghort an bhaile agus beocht na beoichte ag teasú, an nádúr ag fáil treise, í ag spáint don saol Fódlach nach féidir í a chaitheamh ná í a chloí, nach raibh beann an deabhail aici ar bheo ná ar mharbh, go raibh sí ann ó thús an tsaoil agus go mbeadh go deireadh, go raibh sé chomh nádúrtha duine a chailleadh le duine a shaolú, marach í fhéin nach dtarlódh ceachtar acu.

Nach í a chuir sámhas ar Éabh agus ragús ar Ádhamh nó go ndeachaigh siad chun pléisiúir abuil a chéile faoi bhun an chrainn. Ní hé an deabhal a chuir an cogar mallaithe siúd ina gcluais i gcumraíocht nathrach nimhe. Ní raibh cuma péiste ariamh ar an deabhal agus ní bheidh. Cuma tairbh atá ar an deabhal. Tarbh adharcach, mogallach, magarlach; crúbálaí crúbach, drioballach, stoithneach nach dtiocfadh in aice cúpla lasánta in uaigneas ar a bhás. Ní raibh a leithide de scéal amhlaidh. Mise an nádúr a bhí ann roimh Ádhamh agus Éabh, cén mhaith an deabhail do phéist a dhul ag breathnú sa tóin ar chailín óg? Cén uair a bhí caint ag péist? Seafóid, a dhuine, ná bí chomh sochreidte sin. Ní mó ná dá mba staic d'fhear óg é agus go mbeadh píosa tumpáil idir é fhéin agus Ádhamh i dtaobh na crannóige go gcreidfí é. Ach níorbh ea, ní raibh aon fhear ann más fíor ach Ádhamh. An chéad fhear agus an chéad athair, an chéad chliúsaí crúbálach:

Meallamán puitigh i gcumraíocht dhaonna,
Easna as a thaobh a chéad mhíle grá.

Chuir mé an seamaide ag fás thríd an talamh, an nóinín, an sabhaircín agus mórchuid eile. Bhí lon dubh an ghoib bhuí ag ceol go binn, a dhrioball crochta aige agus gleann sa droim le spleodar agus meidhir, an chéirseach sa tor á fhreagairt go binn ceolmhar, fiacail an cheoil agus í nochta aici ag fuireacht le racht nádúrtha na teangmhála.

Thug an ceannaí cuairt ar an tulán agus rinne sé mar ba ghnách nó a dhícheall ar aon nós. Bhí gaoth chrua an tseaca á phréachadh agus má b'fhíor do Phlásán gach uair dá ndéanfadh sé iarracht thugadh sé súil siar. Bhí a leithide de leabhar ann, *Súil Siar*, ach ní cheapfainn gurbh é Plásán a scríobh í. Thosaigh an deabhal ag cumadh véarsa eile faoin gceannaí bocht:

'Dá bhfeicfeása Domhnall Ó Dúill,
Nuair a nocht sé a thóin ar an tsraith,
Bhreathnaíodh sé siar ar a mhásaí,
An tráth a n-airíodh sé an scaird ag teacht.'

Fear an-mhagúil a bhí in Plásán, an dtuigeann tú, ach thairis sin de ghangaid ní raibh.

Thug an ceannaí an bráca air fhéin faoi dheifir agus isteach faoi na ciomacha leis arís le hais Shiúnac a bhí ar fhleasc a droma agus cáir go cluais uirthi, cuma an earraigh ceart, mar a déarfá, ag cuimhniú ar an scailp a bhí i dTóin na Mná Críonna b'fhéidir. Bhí dhá ghlúin Danny bocht thuas faoina smig agus an seilmide ladhrach tugtha faoin gcaoldroim.

'Shílfeá go bhfuil tú fuar, a Dan,' a deir Siúnac, 'sín iad.'

'Á, tá pian i mo bholg,' a deir Dan. 'Chuaigh gaoth an tseaca sa doras dúnta agam ansin amuigh.'

'M'anam gur dóigh gurbh é an uair a tharraing tú an chomhla a theangmhaigh sí leat.'

Bhí sí ar siúl go deo nó gur chuir sí uaithi síos na spreangaidí agus í á chuimilt, á láimhseáil, á phógadh, á líochán agus céirseach déanta aici di fhéin ag tnúth le racht na teangmhála ach, mo léan, ní raibh cor as lon dubh an ghoib bhuí. Faoi dheireadh chuir sí cogar ina chluais agus dúirt sí leis go raibh sé ina earrach mhór agus go mb'fhéidir go raibh sé in am aige an síol a chraitheadh go fiú is mara mbeadh ann ach craitheadh amháin fhéin. Cé go mba dheacair a dhóthain ná a leathdhóthain crannóige a thabhairt do Danny Boy tamall den tsaol, bhí sé ag sleaiceáil anois. Ní raibh mórán fonn útamála ná cúinneáil le tabhairt faoi deara ann anois. Ní raibh ina sheanléim ar stártha ach mar a bheadh léim bulláin, níorbh ionann agus an t-am a mbíodh sé ag smalcadh feola, builíní bána Pháidín báicéara agus scalacha pórtair. Bhí sé ina Bhroimín Stadhan an t-am sin ag imeacht ag cuachaíl.

Chuala mé ariamh nach raibh mórán stóir ná cothú sa mbairneach cé gur beag an locht é mar anlann. Bhuail taom drochshlaghdáin é agus tháinig cineál líonadh ann rud a d'fhág go raibh a bhoilgín ar nós bolgán seanchaite. Bhíodh pianta boilg air ó am go ham agus dó goile, ach dá gcuirfeadh sé a cheann feadhain amach is túisce a phléascfadh sé soitheach na mbromanna ná chuirfeadh sé ruagán síos ná brúcht aníos, an fear bocht. Bhí sé ag lagachan leis in aghaidh an lae agus ba gearr nach raibh sé de bhrí ann triall ar Thulán na Buinní níos mó.

Chuir Siúnac fios ar Phlásán le corriompú a bhaint as mo dhuine bocht sna ciomacha agus m'anam go raibh lucht na cabaíola ag rá go mbeadh sé ag baint corriompú as Siúnac chomh maith cé go raibh sé curtha ina leith ag cuid de na buachaillí báire go mba cigire tónach a bhí ann. Bíodh sin fíor nó bréagach, bhí lámh na tarrthála le fáil ó Phlásán go rialta. Bhíodh Siúnac ag tabhairt corrgheábh cuarta ar Phlásán ó am go ham agus deir siad siúd a dúirt nach mbíodh aon deifir abhaile uirthi ach an oiread, agus b'fhéidir nárbh ionadh. Ag iarraidh buidéal bainne a deireadh sí le Nóra na Strapaí, 'ach b'éigean dhom fanacht nó go raibh an bleán déanta.'

'Ara, muise, tubaiste mo ghabhail suas ort,' a deireadh Nóra, 'agus anachain mo mhachairí, níor bligheadh ariamh in am dinnéir, nó má tá ní beithígh iad.'

B'éigean do Phlásán poll tarrthála a dhéanamh i gcúinne an bhráicín do Danny le fóirithint pléasctha agus séidte. As bosca tae a rinne sé é. Ghearr sé áit a thónach amach as tóin an bhosca le bior dóite agus d'iompaigh sé ar a bhéal faoi é agus seanbhuicéad ann istigh i gcomhair lachta agus leachta. Bhíodh orthu é a ardú suas ar an mbosca agus iarracht tóin ar pholl agus poll ar bhuicéad a bheith acu, sin nó aimsiú cam a bheith aige. Cé nach raibh aon uisce reatha ag Danny ach a bhraoinín fhéin, agus an scairdín thar oíche ó Shiúnac, ba é an chéad fhear sa gceantar a raibh a leithreas faoi dhíon a thí aige agus ar ndóigh baisteadh aríst air 'Cac Istigh.' Cailleadh gan mórán achair é agus cuireadh chomh gnaíúil é le tiarna talún.

Choinnigh Siúnac ag teacht níos minicí go dtí Plásán agus dá mbeadh aimsir bhriste ann d'fhanadh sí ann go maidin agus ní i ngan fhios do Nóra na Strapaí é.

'Óra,' a deireadh Nóra lena leathbhádóir, 'tá sí seo thuas á fháil faoin trabhailí ó Phlásán an seanreithe, marar fada gur bhuail sí é, an splíonach.'

Ó, muise, nach ndearna muid uilig é agus nár lige Dia nach ndéanfadh. A leabharsa, nár bheag an locht é. M'anam má tá nach fuílleach aon cheannaí a bhí againn. Ní móide go mbeadh ná ag Plásán, nach é fhéin a dúirt faoi fad a ladhraicín agus an seilmide ladhrach. Cinnfidh tú orm, cinnfidh tú orm, nach in é an port a bhí ag Danny agus é i mbarr crannóige nuair a cuireadh gob an chorráin sa tóin aige. Nach bhfaca Plásán an pictiúr ar fad an mhaidin úd. An scáileán ar fad *black* agus *white*. Caint ar Hollywood, ní bheadh iontu ach cur i gcéill lena ais. *Teasers*, mar a deir Plapa Stróicthe.

Bhí an tsúil á coinneáil ar Shiúnac ó dhubh go dubh seacht lá na seachtaine. Ní dhéanfadh sí a cuid fuail i ngan fhios do lucht na fiosrachta. Bhí Nóra na Strapaí ag rá os íseal go raibh an crú scoite, go raibh Siúnac ag ritheachan, an choisméig ag giorrú, na cíocha ag biorú, na gorúin ag roighniú agus an scaradh de réir a nádúir, moladh go deo le Dia. B'fhíor di. Bhí Siúnac torrach agus í ag iompar Plasáinín óg. Bhí na buachaillí báire bréagnaithe. Ní ba cigire tónach a bhí in Plásán ach fíor-sheanstail stórach. Níor chinn sí air. Níor chinn sí air agus *fair play* dhó.

Athruithe Móra an tSaoil

Nach iomaí sin trácht agus cur síos ar rotha mór an tsaoil ag íseal agus uasal ó thug Micí Mac Gabhann an sciuird óna bhaile dúchais i nDún na nGall ar thóir an óir bhuí go Montana Mheiriceá. Nach iomaí sin casadh a rinne mol an rotha chéanna ar an móracastóir ó bhéal Loch Feabhail go ceann scríbe. Is dóigh go raibh cuid acu ar aon nós slímbhealáilte go leor ach bhí an tromlach garbh, gíoscánach, déisteanach, gearradh fiaclach ach ní raibh breith ar an aiféala ag an imirceoir bocht. Treabhadh nó tiomáint, b'in é a rogha. D'fhág sé slán ag cruatan, sclábhaíocht, strachailt, stangadh, crácamas agus tiaráil an dúchais le tiomsú agus saibhreas a dhéanamh i bhfad i gcéin. Bhí a fhios aige go raibh ba gearradharcacha agus maoil á bhfágáil ina dhiaidh aige sa mbaile ag iníor agus ag cimínteacht ar mhaolchnoic agus ar storráin rite cíbearlaigh agus fraoigh ach ní raibh tuairim na ngrást aige cé chomh fada is a bhí na hadharca ar na ba thar lear ná cé chomh glas agus a bhí an cimín ar chnoic Mhontana agus níor bheag dhó a thúisce ach an oiread.

An chéad athrú a mhothaigh sé ar an turas fadálach ar dhroim na bóchna boirbe á thuairteáil agus á thuargaint ag treabhadh na dtonn ná an ciapadh, an chrácáil a bhí ag maistreadh ina phutóga ag gárphian gliúraí, ag múisc mharfach thinneas na farraige. Cé go mba fear farraige a bhí ann agus sárthaithí aige ar gach gné de shaol fáiteallaí dá leithide ag an am, ó bhí sé ina scorach ní raibh ina churachóir rámhaíochta ach cleite ag fuaidreamh ar Lochán na nGeábha le hais turas gan taise gan trócaire ar dhroim na bóchna mire agus gan idir é fhéin agus an bás ach na cláir, rud a d'fhág é fhéin agus an bás ag cailicéireacht lena chéile go minic nó ar a laghad ar bith á shamhlú. B'iomaí sin athrú a chonaic sé i measc na gcrompán sneachta agus leac oighre seachas a bhaile dúchais fhéin. An ceann ba ghoilliúnaí ar fad a bheith ina stráinséar i dtír choimhthíoch, beagnach ina chadhan aonraic, scoite amach ó bhailte móra agus beaga, ó chathracha agus ó nádúr agus é anois mar a bheadh siocán cleiteach i measc an ghrúpa bhig a bhí leis agus gan le feiceáil acu ach mútaí sneachta, leac oighre agus síor-reo d'oíche agus de ló. D'fhág sin nárbh fhéidir iontaoibh ná muinín a bheith aige as a leathláimh, mar gur dhoiligh dhó a shamhlú a chara thar a namhaid. Athrú mór suntasach gan bhréig, níorbh ionann agus an fód dúchasach. Má bhí adharca fada ar na ba thar lear ní ba léir dhósan iad, nó má bhí ba ann ní raibh tásc ná tuairisc orthu. Imithe ar an bhfoscadh is dóigh, ó anachain an dúluachair agus ó fheannaid shíonach na huaire móire. Má bhí cimín glas ar chnoic i bhfad uaidh, bhí siad i bhfad uaidh go cinnte. Bhí cimín Mhontana ina shuan go fóill faoin mbraillín agus faoin bpluid gheal, ghléigeal, shneachtach, oighreach ag fanacht le ré na haithrí ó bhanríon na spéire le díbirt a chur ar an smailcín codlatach agus sreamaí a ghlanadh. D'fhág sin nach mba leis ach a leathlámh sa domhan iasachta reoite úd i bhfad ó bhaile. Ach cá bhfuil ár dtriall, nó an seachrán pinn is ciontaí le ball séire na radaireachta?

Chonaic mé fhéin athruithe, agus cuid mhaith, agus níl aon bhaol orm a bheith an céad fós. Nuair a bhí mise i mo ghasúr an-óg, nó i mo sheanleanbh – agus deir siad gur fada, buan, cruinn cuimhne seanlinbh – chonaic mé saol crua, anróiteach, aistreánach. Bhí an tromlach ag brath ar shaothar na cnáimhe le cangailtín a chur faoin ngiarán chun ritheachan boilg le pacáil gliúraigh. Bhí na daoine roighin láidir, saor ó leisciúlacht, ó fhalsanacht, ó leicimeireacht agus ó rídéalacht. Tar éis cor sníomháin ó anró agus ó thuairteáil an lae, bhíodar ar a sástacht, gealgháireach, agus tar éis plaic a bheith ite ba mhian leis an gcnámh síneadh, agus bhí codladh sámh ann go giolcadh na fuiseoige gan aon chúnamh ná cuidiú ó na piollaí codladh bréige. Bhíodar aclaí, miotalach agus bruidiúil, ar a stártha oibre ar a mine ghéire. Nuair a fuair siad urlámhas ar phunt nó ar scilling ní i ngan fhios dá gcnámha é, agus deirim leat go raibh meas an uair sin ar shaothar na cnáimhe agus gur dearnadh príosúnach di.

Mar a deir mé, bhí an tromlach barainneach, spárálach, sábháilteach agus ina cheann sin gnaíúil, mórchroíoch, oscailteach, oibleagáideach. Bhí comhar agus cuideachta comharsan ann an uair sin. Fógraíodh dea-chomharsanacht agus tugadh an dea-shampla ar leic an teallaigh, chois claí agus scairte, ar bhóthar agus ar bhealach. Ach, faraor, an bhfuil muid ag fáil dearmadach? Arbh é ciméar na baoise, na haoise nó an dearmaid é nó 'Bíodh an deabhal ag Jack, tá mé fhéin ceart go leor'? Tá an mionlach fós mar atá, mar a bhí agus mar a bheas agus go raibh gan dochar d'aon duine. Nach dallamullógach agus nach ballséireach an ní é do dhuine ar bith a bheith ag iarraidh a bheith ar an duine is saibhre sa reilig. I bhfad uainn é agus muid ag triall ar áras úd na trí úrlár: 6 leis an 3, nó brabaichín le 6 ar domhain má tá an domhain dóibe ann, b'fhéidir go ligfí síos píosa eile thú chomh fada agus nach mbeifeá ag cúngú isteach os cionn talúna ar do chomharsa béal uaighe. Nach mairg nach smaoineodh ar an maith a dhéanamh agus an t-olc a sheachaint nuair atá an uain againn, mar

Nuair a scuabann an bás thú amach as an saol seo,
Is a scarfas an t-anam ó do sheancholainn cham,
Nach suarach an giodán a mbeidh tú le síneadh ann,
Sé troithe le trí agus thú cuibhrithe faoi chlár.

Go dtiocfaidh lá an lúbáin ní fheicfear arís thú,
Ní chluinfidh tú an mhaidhm úd ag pléascadh ar an trá,
Ní bheidh de chomhluadar agat ach péiste agus daola,
Agus dóib agus créafóg anuas ar do cheann.

Siúd é anois d'áras agus nach fuar é le síneadh ann,
Gan simléar ná síleáil ó íochtar go barr,
Is beag é do chion de agus é roinnte ina thrianta,
Is beidh tú scartha ó gach siamsa ag tóin cónra agus clár.

Níl rud ar bith chomh cinnte leis an mbás, agus an lá a gcuirfear do chulaith adhmaid ort, cóirithe lena cuid plátaí snasta práis, is é an t-athrú is mó ar an duine é ó bhreith go bás, ón gclaibhtín agus ón bpluideog. Ní bheidh póca tónach ná póca brollaigh ar an gculaith dhéanach agus dá mbeadh fhéin ní chuirfear an chianóg rua fhéin síos leat, agus fágfaidh sé sin go mbeidh tú chomh bocht leis an mbacach ab aeraí agus leis an mbochtán is boichte, b'fhéidir, a bheadh ina gcomharsana béal uaighe agat.

Ní raibh pingin i bpóca gasúir le mo linn ach nuair a d'fhaigheadh sé ball éadaigh nua nó péire bróga, sin nó faoi Nollaig, ach bhí muid sona sásta gan buairt gan crá ach chomh haerach le fuiseoga an aeir. Féach anois iad agus an bruscar airgid ag gligearáil ina bpócaí agus ní dóigh liom gur fearrde céard é mar go bhfuil an ghruaim in áit an mheangtha ar a lán acu.

Teilifís agus gléis eile is ciontach le go leor den athrú sin. Chuir an bosca mallaithe seo, bosca na mísce, an chlampair agus an chur i gcéill, athrú nach beag ar an óige go háirithe. Tá saibhreas an chomhrá agus na cainte ag éirí truaillithe agus ag lobhadh cheal comhrá domhain. An tsimplíocht ag treisiú agus ag daingniú a greama in aghaidh an lae. Ní raibh a fhios againne céard é raidió ní hé amháin teilifís. Bhí raidió ag an múinteoir, ag an sagart agus ag an siopadóir agus b'fhéidir ag corrbhruacháinín eile a bhíodh ag sodar i ndiaidh na n-uaisle, mar a tugtaí orthu. *How do* uaisle. 'Bheadh seans ar *watch* agat.' Ní raibh a fhios againn a dhath faoin ngléas iontach go bhfaca muid an lá a raibh lán carr asail acu ins chuile theach agus níor chuir sé a dhath ná a bholadh as dhúinn ach an oiread.

Bhí ár gcaitheamh aimsire fhéin againne, mar shampla, ag fiach, ag rith agus ag léimt, léim fhada agus léim ard, dhá choisméig agus léim, folach bíog, hatabódingil agus go leor eile cosúil le caitheamh crúití agus bualadh cead, rud a d'fhág muid crua, miotalach agus aclaí. Cuir ceist ar ghasúr inniu céard é bualadh cead agus tá mé cinnte dá bhfaighfeá freagra do cheiste go mbeadh cáir go cluais ar do ghiolla mar gur bualadh eicínt a bheadh i gcúl a chinn agus ar bharr a ghoib aige. Á, a Dhia láidir, nach muid a bhí gan urchóid! Chuala muid ariamh gur namhaid í an cheird gan í a fhoghlaim, agus creidim. Chuala muid freisin nach gá dhuit a dhul chun scoile le go leor ceirdeanna áirithe a fhoghlaim, agus aontaím leis go huile agus go hiomlán go mórmhór i saol an lae inniu mar go bhfuil an piocadh suas seo á dhéanamh ó scáileán bhosca bréantais an chúinne. Níl mé in aghaidh ach go pointe áirithe. Athrú mór an lae inniu.

Dá mbeadh slaghdán nó tinneas ar ghasúr an uair sin bhí leigheas baile dhó, mar shampla, carraigín nó meadhg, agus ba deacair a máistir a chur i mbuidéal. Anois caithfear instealladh nó piollaí a úsáid. Tá deireadh go deo le follántas agus smior na sláinte. B'fhéidir go mbeadh boiscín nó dhó Aspro ar fud an bhaile le haghaidh scoilteach cinn nó buidéilín *syrup o' figs* ach sin é an méid, ach anois is rud eile ar fad é. Ní bhíodh bróga ar ghasúir an uair sin ach ó Lá Samhna go Lá Bealtaine agus, mar a déarfá, ag ciceáil clocha beaga an chuid eile den bhliain. Bhíodh oighreacha, gága, treaslóga agus gearradh drúichtín ar ghasúir an uair sin agus ba é an leigheas a bhí orthu ná ruainne bealaidh ó acastóir cartach agus é sin a chuimilt isteach go maith iontu tar éis níocháin agus sciúradh na cuinneoige a bheith faighte acu in uisce a mbruití fataí ann. *Tissues* agus Sudocrem anois. Dia linn go deo, nach mór an t-athrú é. Chuala muid caint ar an dochtúir ach ní raibh aon aithne againn air ach anois is é an gasúr fhéin a dhéanfas an cinneadh agus a roghnós pé dochtúir is fearr leis. Dia linn, nach bocht an scéal é nó céard atá tagtha ar an saol chor ar bith, nó ar ar na daoine atá sé? Fág an tír nó bí sa bhfaisean. Má tá an uaisleacht ag scríobadh do dhroma dhuitse, ar a laghad ar bith tá mise ag súil go mbeadh scríobadh mo thónach i ndán dhom fhéin. Uabhar agus fíorcheann ataithe is ciontaí ar fad leis.

Bhí smacht teallaigh agus baile ar gach gasúr san am sin agus lean an t-ómós an smacht agus leanann go fóill san áit a mbíonn sé ach, faraor, ní hé chuile áit ina bhfuil sé, ach míle buíochas le Dia agus leis an Maighdean Ghlórmhar tá an cód smachta agus ómóis á chleachtadh go láidir fós. Mol an óige agus tiocfaidh sí, mar níl aon bhláth mar í. Bhí rialacha ann maidir le am béile, am siobála agus am codlata agus ní raibh gair dhuit i do leithscéal dá sárófá na rialacha sin go rómhinic. Dá ndéanfá ba mhaith é do sheans ar thoirneáil slaite.

Bhí an sean agus an t-óg ní ba folláine san am sin mar go raibh a gcuid bia orgánach fhéin acu. Ní raibh ceann teallaigh ar bith nach raibh a chuid fataí fhéin ar fáil aige, a chuid glasraí agus gabáiste mór a bhíodh sáite i mbruacha na n-iomaireacha fataí a mbíodh lán cliabh portaigh ins gach meall. Bhíodh an gabáiste mór, mar a tugtaí uirthi, le haghaidh duine agus beithíoch, muc agus banbh, capall agus asal, cearca, géabha agus lachain, agus deirtí gur teach dona a bhí dá bhfuireasa ach m'anam go mbíodh corrdhuine a dtéadh cáil na mochóireachta amach air ag ruagaíocht le gealach. 'Gráigh do chomharsa mar thú fhéin.' Sin é teagasc na heaglaise ach m'anam má tá nach i do gharraí gabáiste é. Ach is maith an seans gur ag léamh an Bhíobla a bhíodh siad siúd nuair a bhíodh lucht an tíomhais ar an iomaire cé nár thug fáiteallaí ná an tíomhasaí aon ainm ariamh ar aon cheann acu siúd ach Bromalló, mar go ndeireadh siad gur ag bromanaíl sa leaba a bhídís le drogall agus díomhaointeas.

Nach in an chaint a caitheadh ag geata an tséipéil fadó nuair a chraith fear lámh le fear nuaphósta agus a dúirt leis mar seo, 'Ní maith liom do thrioblóid, a dhuine bhoicht.'

'Go raibh maith agat,' a deir an fear nuaphósta mar nár thuig sé ceart é.

Ar ndóigh, ní hé a bhí ag cur imní air ach lán gabhlach de bhean óg a bheith aige le bualadh faoin saol nó faoin tolg. Bhuail fear eile a bhí le taobh fhear na caidéise uillinn sna heasnacha air agus d'fhiafraigh dhe cén fáth gurb in é an sórt beannacht a ghuigh sé don fhear nuaphósta. D'fhreagair mo dhuine é mar seo, ag crochadh na coise ba gaire do mo dhuine, agus dúirt, '*Brommons. Marry Brommons*'.

Bhíodh leasú an chladaigh agus aoileach ón stábla ag gach feilméara mar go mbíodh a gcuid eallach ar stábla acu ar feadh an gheimhridh. Ní raibh aon chaint an t-am sin ar cheimicí ná ar leasú bréige an mhála plaisteach. Ná raibh bail ar an bplaisteach céanna; nach bhfuil an saol mór ina thuar tolgtha aige. Chuirtí scaipeach aolchoiche os cionn an aoiligh ar an iomaire a bhíodh acu tar éis na tornóige agus thart ar na sciolláin mar chosaint ó phéiste agus feithidí eile ithreach. Anois níl aon chaint ná, faraor, aon mheas ar rud ar bith dá bhfuil sean-nósacht ar bith ag dul leis. Níl i réim i lár na huaire ach sceallóga gréiseáilte na bpacáidí agus Taytos dóite. Ar ndóigh, is iad is éasca anois agus is í an éascaíocht atá uathu anois agus ní hí an fhíriúlacht. Faraor géar dóite, is mór an t-athrú é ó aimsir an phota mhóir miotail agus na ciseoige saileánaigh a bhíodh go buinne béil i lár an urláir le fataí plúracha agus bairnigh, faochain, sleamhcán, scadán caoch, iasc, mangach, ballach, ronnach mar anlann leo mar aon le scalach breá leamhnachta nó fothramán breá bláthach úr agus, dar m'anam, gur bheag an locht. Anois ní thabharfaí bolg don bhia folláin beannaithe sin go fiú is dá mbeadh flúirse dhe ann agus sin é atá á bhfágáil ina séaclaí truaillí, meata, leathchaillte. Bhíodh prochóigín de gharraí in aice an tí ag chuile líon tí ar a dtugtaí an iothlainn le haghaidh oinniúin, meacna dearga agus bána, biolar, biabhóg agus cúpla tor spíonán i gcomhair subh agus milseoige. B'fhéidir ó am go chéile go gceannaíodh muid corrchroca subh dearg, nó *jam* siopa mar a thugtaí air. Ní mórán eile a bhíodh ag teacht ón siopa cé is moite den ghráinne tae agus siúcra agus sóidí le haghaidh bácáil. 'Céad slán leat, a bhácúis bhoicht. Nárbh ionat a bhí an faoiseamh agus gan ionat anois ach iarsma.'

Tá ionann agus deireadh le bácúis agus cácaí baile. Builíní anois, chuile bhranda níos pointeáilte ná a leathbhádóir ag síormhealladh na pingine. Ní mórán teach a bhfaighfeá smailc de bhuilín ann nuair a bhí mise i mo ghasúr mara mbeadh ócáid speisialta ann, bainis nó tórramh b'fhéidir. Ní cuimhneach liom aon charr builíní a bheith ag dul bóthar Chois Fharraige an t-am sin ach an G.B.C.

Is cuimhneach liom lá agus an mháistreás ag cur ceist sa rang cén bhrí a bhí le G.B.C. agus é scríofa ar an gclár dubh aici le cailc ghorm. Ní raibh a fhios againn ó mhac Dé anuas cén chiall a bhí leis agus nuair a déarfá, 'Níl a fhios agam, a mháistreás', thugadh sí amadáinín ort, ach nuair a tháinig sí chomh fada le lad smeairteáilte a bhí gar go maith dhom fhéin bhí freagra tugtha aige sul má cuireadh an cheist.

'Gráta. Bean. Ceannaí. A mháistreás,' a deir sé. Níl mé ag rá go raibh sé baileach chomh caoithiúil sin ach is cuma.

'Ní dhéanann do fhreagra aon chiall,' a deir sí, 'ach gheobhad amach é.'

Bhí corrscairt ghairí ar fud an ranga, an té a raibh sé de mhisneach aige sin a dhéanamh. Nuair a tháinig an Chuinneoigín isteach sa rang an lá arna mháireach (bhíodh múinteoirí baiste de réir a gcrutha agus a ndeilbh ag an am), chuaigh sí sa bpíobán ag mo mhéit bocht agus tuilleadh deabhail ag an mboiscín marar íoc sé as 'Gráta. Bean. Ceannaí'.

Bhí an creideamh láidir daingean ag an am agus ní raibh ógánach gan paidir agus cré le bís ar bharr a theangan aige. Bhí an teagasc Críostaí á mhúineadh sna bunscoileanna go tréan agus go dúthrachtach, agus nuair a thagadh an sagart chuig an scoil, an té nach mbeadh in ann míniú an tsoiscéil agus an tseanmóra a bheith aige dhó bhí liúradh Chonáin i ndán dhó – rud a bhí mícheart go huile agus go hiomlán, mar an bhriot-Ghaeilge mheirgeach a bhí ag go leor dhíobh siúd, ní raibh inti ach siocair tolgtha agus tuar báis don Ghaeilge bhinn-bhriathrach, acadúil, bhlasta a bhí againne. Bhí béim thar cuimse ar an mBíobla agus ar bheatha ár dTiarna san am sin sna bunscoileanna ag na naíonáin go haois céille agus cuimhne ach, faraor géar, tá faitíos mór orm go bhfuil sin buailte ar an mullach anois agus ní chun sochair é ach an oiread.

Tá sé deacair a rá cé air a bhfuil an locht; mar a deir mé cheana, is deacair an sampla teallaigh a shárú. Sampla athar agus máthar agus teagasc cráifeach múinteora agus treoir ceann tréada. Ní maith an rud aird a thabhairt ar an dallarán a théas go haineolach camstiúrach i gcaochpholl na haimhleasa. Dá ndéanfadh muid aithris ar an gcéad duine a chuir lámh ina bhás fhéin, ní bheadh mórán gá leis an daonáireamh chomh rialta. Is é Dia do chreideamh agus bíodh do mhuinín agat as de shíor agus déan urnaí agus aithrí leis. Labhair leis agus deirimse leat go n-éistfidh sé leat ach a bheith lomdáiríreach agus ní ar nós cuma liom. Ná maslaigh sagart ná bráthair, easpag ná cairdinéal, siúr ná eile, is cuma cén ráiteas a déanfar fúthu, mar is deacair an breithiúnas ceart a dháileadh go cóir ná go cneasta. Is cuma cé chomh múisciúil agus atá an scannal, agus atá siad tugtha, glan do bhruas, abair paidir agus lean ar aghaidh.

Tabhair aire don leathláimh, don leathshúil agus seachain an bhró mhuilinn agus an poll dubhagáin. An té atá saor caithfeadh sé an chéad spalla. Sin í caint Chríost agus saoradh na striapaí ón mbás i gceist agus ón gclochmharú millteanach a bhí tuartha aici de réir dhlí na huaire sin más fíor don té a dúirt nó don láimh a scríobh. Nach bhfuil sé scríofa gurbh é an bás ceannann céanna a bheadh i ndán dá mháthair bheannaithe fhéin, moladh go deo léi, dá mbeadh a fhios go raibh sí ag iompar gan céile. Ní go rómhaith a chuaigh an nuacht do Sheosamh ar a chloisint sin dhó ar dtús ach ós rud é go raibh sé ag siúl léi le tamall roimhe sin, thóg sé agus ghlac sé le míniú an scéil mhíorúiltigh agus shábháil sé í ó bhás fuilteach na spallaí. Fear uilig a bhí ann, *fair play* dhó. An grá buan daingean nárbh fhéidir a scaoileadh. Níl suim ar bith sna graithí sin anois agus is cinnte gur athrú mór é.

Bhí trí suáilcí ag an duine le linn m'óige fhéin agus tá siad go láidir ag daoine fós, buíochas le Dia Mór na Glóire, is é sin, ómós, onóir agus náire, ach faraor tá plúchadh agus truailliú ag teacht orthu agus an meath ag fáil treise agus urlámhas á ghlacadh orthu ag an laige agus an scaipeadh orthu mar chúr na toinne ar thrá ag scamaill an aineolais agus an méféineachais. Níl mé ag ciontú duine ar bith go díreach ach tá ciontú indíreach ag dul do lucht athruithe móra atá déanta san eaglais, mar shampla, troscadh an mheán oíche roimh an gcomaoineach naofa, troscadh na hAoine, an lae saoire agus mar sin de. Sin athrú a ghoill go mór orm fhéin agus feictear dhom más fiú tada a dhéanamh ar son Mhic Dé, moladh go deo leis as ucht na páise, na sciúrsála agus an céasadh pianmhar a d'fhulaing sé ar chrann na croiche, nach síneadh láimhe mór dhúinn beagán troscaidh a dhéanamh ar a shon. Le linn m'óige ní raibh cead ag aon duine dáileadh comaoineach a dhéanamh ach ag an sagart agus b'as láimh an tsagairt caol díreach go barr teangan a déantaí an dáileadh. Anois tá cead ag chuile dhuine a bheith ag crúbáil agus ag ladhráil ar Mhac Dé, agus níl dochar ann más fíor dhóibh siúd atá i gceannas.

Is minic an cheist curtha agam céard is cúis leis an athrú mór seo ach níl fuascailt mo chainte fós agam. Fuair mé sórt leathfhreagraí ach más leor don dall a bhéal, ní leor don dallarán leathfhreagra. Is minic mé fhéin ag rá gur ag iarraidh a bheith ag mealladh daoine chun na haltóra le éascaíocht é seo agus tá faitíos orm más ea gur ag magadh fúinn fhéin atá muid agus ag cailleadh an chluiche. Níl mé ag lochtú ná in aghaidh na n-athruithe ach níl mé ar bhealach ar bith ina bhfabhar. 'Fág an tír nó bí sa bhfaisean.' Sea, bhí sé sách ráite san áit a bhfeilfeadh sé ach ní anois é dar liom. Is é mo chreideamh gan an tír a fhágáil mar gheall ar fhaisean agus gan a bheith sa bhfaisean, mar má bhí an ceart ann le mo linnse agus le linn na nglúnta romham, agus chreid mé go raibh cé go mbínn amhrasach faoi rudaí, agus ní duine mé a dhéanfadh dóigh de mo bharúil, ní fhéadfainn a ligean i mo ghaobhar go bhfuil mórán fúinniméid i gcuid mhaith de chéipreáil ná d'athruithe an lae inniu, nó má tá, tá sé déanta amach agam go láidir gur ar an líne bhán a bheas muid ag siúl ina scuaidrín ag triall ar sheangheata gíoscánach na bhflaitheas lá an lúbáin, is é sin má bhíonn aon líne bhán romhainn – agus mara bhfuil go bhfóire Dia orainn más é an *roundabout* atá i ndán dhúinn.

Chonaic mé an t-am gurbh é an múinteoir an mháistreás, nó gurbh í an mháistreás an múinteoir má thuigeann tú leat mé. Bhí ceart, smacht agus stiúradh ag an múinteoir agus é sin curtha i gcion ar an scoláire cé go mb'fhéidir go ndeachaigh cuid acu thar fóir le tuirneáil Mháire agus liúradh Chonáin. Anois tá an t-athrú tagtha agus ní fhágann sé ach guth sa bhfásach ag an múinteoir i bhfeighil ranga i riocht agus nach féidir leis na tréithe sin a chur i gcion chun leasa na foirfeachta cé go gcaithfidh na scileanna agus na tréithe sin a bheith go smior ins gach múinteoir oilte sul má ghlactar leis nó léi ach, faraor, i ndeireadh an lae is é an t-uan a bheas ag múineadh méiligh dá mháthair, agus b'fhéidir dá athair chomh maith, agus a mhilleán sin ar an iomarca oifigiúlacht. Tá daoine go leor ar an saol seo an lae inniu nach dtuigeann an difríocht idir oideachas, múineadh agus foghlaim. Tá a leithid de roinn ann agus an Roinn Oideachais ach b'fhéidir nach bhfuil an t-ainm sin feiliúnach di ar chor ar bith. Tosaíonn oideachas i mbaclainn máthar ar leac an teallaigh agus gan ionat ach cúram diúil, smearacháinín smeartha, pislíneach, pruisleach ag sásamh goin gliúraí le tál brollaigh. Cé a cheapfadh é ach sin í an fhírinne. Is é an duine an suaracháinín is laige agus in éidreoraí den uile bhreith agus féach gur mian leis an domhan mór a mháistriú gan spalpas ná náire agus a liachtaí sin uair arbh éigean a thóin a ghlanadh. Ba chóir go mbeadh oideachas teallaigh ar chuile pháiste ag dul chun scoile. Ní chosnaíonn sé cianóg rua ach beagán ama agus foighde móide ceanúlacht agus grá croí agus nach muid na dallaráin chríochnaithe mara dtuigeann muid gur theastaigh am agus foighid ónar máithreacha le muid a shaolú agus gan dearmad a dhéanamh ar ár n-aithreacha ina gcomhoibriú agus ina saothar, moladh go deo le Dia. Múintear páiste ar scoil agus tuigeann muid gurb í sin obair an mhúinteora go pointe agus ba chóir go dtuigfeadh muid chomh maith gurb é an rud a múintear don pháiste a fhoghlaimíonn sé, mar sin bíonn foghlaim ar pháiste trí mhúineadh, sin le rá mara múintear páiste nach mbeidh foghlaim air. Ní hionann ar bhealach ar bith, mar sin, foghlaim agus oideachas mar is trí ghrá agus dea-shampla a thagann oideachas. Is athrú mór truamhéalach laincis a bheith ar lámha múinteora agus glas a bheith ar a bhéal go pointe ag ordú agus smacht roinne agus cead scigiúlachta ag dailtíní. Gan iad ar fad san áireamh, tá an lá tagtha go bhfuil ar an múinteoir a bheith cúramach seachantach ar mhaithe lena sheasamh.

Athrú mór eile tagtha go bhfuil obair na talún tréigthe agus gan ach luachair, sceacha agus cosamar cacamais in áit na mbarraí sna giodáin a bhíodh ag tabhairt a seaneire den togha le linn m'óige. Ní bhíodh fata ná meacain le ceannacht ag aon líon tí ar feadh na bliana ach dhá mhála fataí síl ón Roinn Talmhaíochta san earrach. Ní raibh caint ar aon leasú mála ag an am ach feamainn an chladaigh agus aoileach ón stábla. Bhíodh na ba bainne istigh ar stábla ar feadh an gheimhridh agus bhíodh dalladh fataí, tornapaí agus barraí eile le cur sa tobán acu chomh maith le hascaillí féar tirim. Tá siad amuigh i gcaitheamh an gheimhridh anois gan aird orthu ach ar ghanntan beatha siopa, cosamar purgóideach buinneachúil. Bhíodh chuile líon tí ag bleán a gcuid bainne fhéin, ag maistreadh ina gcuid cuinneoga móra daraí. Bhí chuile dhuine chomh folláin le breac an uair sin, agus b'fhéidir go bhfuil agus inniu, a deir tú, mar go bhfuil sé de cháil ag an mbreac fhéin nach bhfuil sé thar mholadh beirte ó tosaíodh ag déanamh príosúnaigh dhíobh.

Ach sin mar atá, pé ar bith cé mar a bheas, ag Dia fhéin atá a fhios. Ach tá a fhios agamsa gur imigh sin agus gur tháinig seo. Ach níl a fhios agam ar le fúinniméad ar bith é, mar is é an faitíos a bheadh ormsa go n-imeoidh seo agus go dtiocfaidh sin, agus más é sin atá i ndán dhúinn, beidh 'Scaoil amach mo mhullach ann' agus deireadh le 'Scaoil amach mo bhobailín', mara bhfuasclóidh siúd.

Tá go leor athruithe eile sách suntasach ach ní bhaineann siad dhomsa, agus nuair nach mbaineann ní bhainfidh mé leo. Ach más fíor don ráiteas a rinne fear uair amháin agus muid ag ól braon tae cois dúchán móna ar an bportach nuair a chaith stócach canda aráin chuig an mada.

'A mhaicín,' a deir sé, 'abhaile ba chóra dhuit do chuid aráin a thabhairt.'

'Tuige?' a deir an stócach.

'Mar nár tháinig cheana,' a deir mo dhuine, 'nach dtiocfaidh aríst'.

Bhí sé i bhfad ina dhiaidh sin nuair a thuig mé mar is ceart céard a bhí i gceist ag mo dhuine, is é sin má tá sé tuigthe fós agam. Arbh é ciondáil, easpa agus ganntan le linn an chogaidh a bhí i gceist aige nuair nach raibh gráinne plúir le fáil? Nó arbh í aimsir an Ghorta Mhóir a bhí i gceist aige? Is cuma cé acu é mar má thagann an t-athrú tubaisteach sin ní bheidh aon fhear beo ach an fear caoch mar tá seans go bhfanfaidh sé istigh.